Time Management :
Planning & Scheduling

決定版

仕事は「段取りとスケジュール」で9割決まる!

飯田剛弘
Yoshihiro Iida

はじめに

「もっとラクに成果を出したい」

「もう少し余裕を持って仕事をしたい」

「残業せずに定時で帰りたい」

と思ったことは誰しもあるでしょう。


そこで、仕事のやり方を変えようと決意します。

しかし、手帳やToDoリストを使ってみるものの、なぜか挫折してしまう……。


これは、あなたの意思が弱いからでしょうか？

そんなことはありません。

やる気があっても、うまくいかないことはよくあります。

「一生懸命やっているのに、時間通りに終わらない」

「急な予定変更でスケジュールが狂う」

「締め切り直前でも仕事が終わらず、焦ってしまいミスをしてしまう」

「提出が1日、2日遅れてしまう」

「やるべきことがわかっていても、なかなか手がつけられない」

など、多くの人が仕事の進め方や期限を守ることに悩んでいます。


なぜ、このようなことが起きるのでしょうか?

それは、あなたのやり方がズレているからです。以前と比べて、やることが増えているのに、仕事の進め方や考え方を一向に変えなかったため、現実的に合わなくなってしまったのです。「がんばれば成果が出る」というわけではなくなったのです。

ムダな努力をしないためにも、今の時代に合った仕事の進め方に変えていく必要があります。


もし、「自分にはがんばりが足りない」と考えているのであれば、あなたは間違っているかもしれません。
そもそも、時代が大きく変わり、過去の常識や当たり前が通用しなくなっているのです。

私自身、２０１８年に本書の前身となる書籍を出した当時、外資系企業でアジアのマーケティング責任者として日々奔走していました。限られた時間内で成果を求められ、「長時間働けば評価される」とは真逆の働き方を体感するなかで、仕事をどう進めるかを根本から見直す必要がありました。そして、「やる気」に頼らず、自分自身の段取りの仕方をバージョンアップすることで、思いのほかラクになり、成果も上がることを実感したのです。

今、私はマーケティング支援の会社を経営する傍ら、中小企業ＡＩ活用協会の代表理事として、デジタル人材の育成に取り組んでいます。研修や講演を年間１００回以上行い、新聞や雑誌の連載も続けています。さらに公的機関での研修や相談など、多岐にわたる活動をしています。正直、ひと昔前の自分が今の姿を想像できたかというと、まったくできませんでした。

では、どうしてここまで多くの仕事に取り組めるのか？

答えはシンプルで、「やらないこと」を明確に決めると同時に、段取りとスケジュールを綿密に組み、「今向き合うべき仕事」に集中しているからです。さらに近年は、ＡＩをパートナーとして活用することで、作業時間を大幅に短縮し、想像以上に生産性を上げることができるようになりました。

ただし、デジタル技術を使えばすべてが解決するわけではありません。本質は「何が本当に必要なのか」を見極めて、そのうえでツールを活用し効率化することです。ＤＸやＡＩは「目的」ではなく「手段」です。だからこそ、先に段取りやスケジュール管理を見直すことで、結果的に大きな成果につながるのです。

本書は、『仕事は「段取りとスケジュール」で9割決まる！』に書いた「段取りとスケジュール」の本質や考え方を残しつつ、これからの時代により合った方法やヒントを多数盛り込みました。もしあなたが、「（気合や根性では）どうにもならない」「やるべきことが多すぎて時間が足りない」と悩んでいるなら、きっと役に立つ内容になっているはずです。

「段取り」と「スケジュール管理」を味方につけるだけで、私たちの仕事は驚くほどラクに、そして短い時間で高い成果を上げられます。さらに新しい技術をうまく取り入れれば、これまでの常識を超えたスピードや質が実現できる――私自身、そう実感しています。

どうぞこの一冊を、あなた自身のやり方や考え方をアップデートする機会として活かしてください。

一歩を踏み出すことで、確実に変化が生まれます。

なお、本書では、段取りとスケジュール管理をさらに強化するために、初心者向けのAI活用ガイドを特典としてご用意しています。

詳細は巻末のご案内に記載していますので、ぜひご活用ください。

さぁ、前に進もう。ページをめくろう。時間がもったいないから。

第1章 なぜギリギリになってしまうのか？

第2章

アタマの切り替えを減らす

第3章
仕事のスケジュールを組むための「仕分け術」

第4章

「いつまでに」を癖にする「デッドライン」の守り方

第5章

振り回されない「コントロール術」

第6章

探す時間を減らす「タスク置き場」の作り方

第7章

習慣とテクノロジーで進化する時間管理

第8章

仕事のやり直しを防ぐ「逆算思考術」

第9章

時間は金より ケチって使え！

第10章

よくある失敗とその対策

第１章

なぜギリギリになってしまうのか？

1 「少しずつやろう」と思っても失敗する

「まだ時間があるから大丈夫」だといって、本来やるべき仕事ではなく、他のことをやっていませんか？　「やる気が出ない」と言い訳をして、締め切りギリギリになるまで仕事に手をつけない、なんてことはありませんか？

面倒な仕事をついつい先延ばししてしまう、余裕を持ってはじめたのに最後のほうはバタバタして焦ってしまう、あなたにもそんな経験があるはずです。

ギリギリになるまで手がつけられない人の多くは、子供の頃からそうだったはずです。例えば、夏休みの宿題を提出直前になって慌ててはじめる。このような人は、締め切り寸前で「ヤバい」「マズい」と焦り、お尻に火がついて、はじめて本気になります。

そして宿題の期限に間に合わず遅れて提出したとしても、多少注意されたり、怒られたりしただけで、なんとかやり過ごせたため、ある種の成功体験を得ていたのです。

すると、**過去になんとかなったという経験から、「まだ大丈夫」という気持ちになります。**

早めに取り組むことや、少しずつやることが難しくなって、「もう少しあとになってからやろう」という考え方になってしまうのです。

結局、昔から「ギリギリ」の人は、「少しずつやろう」と思ってもなかなかできません。

つまり、**「ギリギリ」になってしまう自分の悪い癖を、気合や根性で直すことは難しいのです。**

一方で、あなたの周りにいる上司や先輩を見てください。仕事のできる人は「やる気」や「モチベーション」に頼らない仕事の進め方をしていませんか？

仕事ができる人は、今やるべきことをやれば、あとからラクになるという成功体験をしています。その因果関係の考え方が定着し、習慣になっています。

ギリギリになる人は、気合や根性で先延ばし癖を直そうという考えを捨てましょう。小さなことで構わないのではじめてみて、ラクになるという成功体験を得ていきましょう。成功体験を繰り返すことで、先延ばししない習慣が身についていきます。

point

「やる気」や「モチベーション」に頼らない

2 「ひとりよがり」と思われていませんか？

あなたの仕事が終わらないために、周りの人に迷惑をかけてしまう。そんなことはありませんか？

仕事というのはチームプレーです。自分一人では完結しないものばかりです。次の工程に進むために、あなたの仕事の成果物を必要としている人がいます。仕事全体から見れば、「自分の仕事が終われば、役割を果たした。おしまい」ということにはなりません。

普段から、**「他の人が、あなたの仕事が終わるのを待っている」**という意識を持つことが大切です。そのことを踏まえ、仕事を計画し、スケジュールを組みましょう。

全体の仕事を遅らせないために、各自が締め切りを守ることが大事です。

もしあなたが「多少遅れても問題ない」と勝手に判断してしまえば、周りの人は、あなたのことを自己中心的で協調性がない人と判断してしまうでしょう。あなたの上司や周りからの評価も下がります。

期限を守る人は、全体を見ながら仕事をしています。他の人の状況を把握し、細かなところまで目配りができ、協調性もあります。

大事なことは、**「後工程はお客様」という言葉がある通り、自分の次に仕事をする人がいることを認識するだけではなく、その人が仕事をしやすいように、相手の立場になって物事を考えることです。**

相手が、あなたから具体的に何を必要としているかを考えてみましょう。

また仕事の依頼を受けたときは、仕事の依頼者や関係者と、しっかりとコミュニケーションを図ることも大事です。最終的な成果物であるアウトプットのイメージや締め切りをすり合わせておくのです。

数値化や視覚化により曖昧さをなくし、共通認識を持つことが重要です。

point

スケジュールの組み方が下手な人は自己中心的な考え方をしている

3 「すべてがうまくいけば間に合う」願望を捨てる

予定の詰めすぎは混乱を招きます。

なぜでしょうか？

それは、ほとんどの仕事が予定通りに進まないからです。

何らかの変更やトラブル、不測の事態が起きれば、予定していたよりも時間がかかります。ひとつの仕事が遅れれば、他の仕事や予定にも影響します。

「すべてがうまくいくことがない」という前提で考えれば、「トラブルが起きても間に合う」柔軟なスケジュールを組むことができます。

あなたの仕事内容や環境にもよりますが、**週に2、3回まとまった空き時間を確保しておくと、突然のトラブルや仕事に柔軟に対応できます。**

また、びっしり詰められたスケジュールは、焦りや不必要なストレスも生み出します。焦れば仕事が雑になり、失敗やミスをするリスクも増えるでしょう。

仕事が終わるまでの所要時間を見積もるとき、精度に自信がない場合は、当初思った時間の1・5倍から2倍くらいを見積もっておくと割と安全です。

仕事が順調に進めば、空き時間に次の仕事を前倒しする、あるいは保留にしていた仕事をはじめることもできます。前倒しすれば明日以降がラクになり、そのあと何かあっても対応しやすくなります。

このようにスケジュール管理において、余裕、つまり空き時間を作ることは有効かつ重要な対策です。

point

スケジュールを組むときはバッファ（余裕）を入れる

4 記憶力に頼ると間に合わなくなる

あなたは、仕事をする際に、自分の記憶力や能力に頼りすぎていませんか?

「依頼されたことや聞いたことをメモしない」「ToDoリストは作ったのに、いつはじめ、いつ終わるかはその都度考える」「やるべきことをスケジュールに入れない」など、心当たりはありませんか?

「覚えよう」という意識がなくても、結果的に記憶に頼ったり、その都度考えたりする仕事の進め方をしてはいけません。自分の記憶や能力に依存する仕事の進め方をすれば、必ずミスを起こします。


やるべきことが増えれば、「あー、しまった」や「完全に忘れていた」という、うっかりミスが増えていきます。「期限が過ぎていた」「お願いするのを忘れていた」などが発生するのです。そして、忘れていたことに対応することで、今度は他のやるべきことが遅れていきます。

慌てて対応すれば、さらなるミスや失敗を招き、仕事の質が悪くなります。それにより、間に合う仕事でさえも間に合わなくなるのです。まさに負のスパイラルに入ります。

どういう状況のときに、「あっ、しまった」が起きるのか、仕事がギリギリになるのか、あるいは遅れるのかを具体的に考えることが大事です。それらを知ることで、あなたの仕事の進め方やスタイル、特徴が見えてきます。自分を知ることで、よりいい仕事の進め方、つまり現実的かつ有効な予定の立て方が可能になります。

そして、**「人はやることを忘れる」という前提に立ち、思い出すための仕組みを作っていくことが重要です。**具体的な方法は後述します。

「絶対忘れない」「覚えよう」という根性論は捨てましょう。また、「大事なことは忘れない。忘れるようなことなら重要ではない」という根拠のない楽観的な考え方もやめましょう。そうすることで、最終的には人や記憶力に依存しない、自分に合ったやり方を確立できるようになります。

point

「やるべきこと」を忘れない仕組みを作らなくてはならない

5 「がんばっている」という言い訳をやめる

がんばっているけど、いつもギリギリになる。やることが多すぎて、ついつい先延ばししてしまう。そんな状況になっていませんか？

しかし、本当に仕事量が多いことが原因でしょうか。あなたの上司や先輩があなたの仕事をやったとしたら、ギリギリになると思いますか？

もし違うのであれば、具体的に何が違うのか、遅くさせる原因は何なのかを突き止めなくてはなりません。

現状を変えたい、あるいはできる人になりたいと思うのであれば、自分のほうに原因があると考えると対策や改善がしやすくなります。

他人や自分以外のことを変えるのは、自分を変えることより遥かに困難です。変な感情にとらわれず、合理的に考えてみてください。

あなたの仕事が遅くなる原因は何でしょう。

その原因のひとつは、**「仕事がわからない」**というものです。つまり、その仕事をするために必要な知識や能力がないのです。

そもそもその仕事で何をやるべきか、何を求められているかがわからない。結果として、不安や疑問だけが先行して、何も進まない。そんなことはないでしょうか？

これは、知識や経験が少ない人に多いパターンです。

対策としては、上司やわかる人にまず相談をすることです。足りないことを学びながら、少しずつ進めていくしかありません。**最初から完璧を求める必要はないのです。**

他の原因として、**「自分で抱え込む」**ことが考えられます。

このケースは、自分のほうが周りの人よりもわかっているときに起こりやすいです。自分のほうがわかっているという理由で、他の人にお願いすることなく、何でもかんでも自分でやろうと抱え込みます。

実はこちらのほうが性質が悪い。このパターンの人は完璧を目指そうとします。ミスや漏れがないかの確認に必要以上に時間をかけます。**自分のこだわりで、なるべくいいもの**

を作ろうと、ギリギリまで手を加えます。結果として、仕事が遅くなってしまうのです。

これは、高品質を求める、典型的な日本人の働き方です。

その仕事には何が求められているのかを明確にしましょう。数値や図を活用して完成基準を具体化することで、他の人への協力依頼もしやすくなります。

すべてを自分で抱え込まなくてもすむようになります。

なお、「がんばっている」や「忙しい」と言い訳をする人は、他人からの評価を落としています。

「がんばっている」や「忙しい」は主観的に感じることです。これが、口癖になっているのであれば、今すぐにやめるべきです。

感情的に判断せずに、合理的に考え、実行するよう心がけることが大事です。

point

他の人への協力要請を惜しまない

6 余裕があっても締め切りギリギリになるのが仕事

「本来ならば、20、30分で終わるような仕事が1時間もかかってしまった」
『「今日中にプレゼン資料を完成させればいい」と、午前中は余裕を持っていたのに、夕方になっても終わらず、結局残業することになった』
このような経験はありませんか？

実を言うと私たち人間は、「時間やお金をある分だけ使ってしまう」という習性があるのです。これを**「パーキンソンの法則」**と言います。

パーキンソンの法則は、イギリスの歴史学者・政治学者であるシリル・ノースコート・パーキンソンが提唱した法則で、英国の官僚制を観察した結果に基づいて生まれました。「役人の数は仕事の量とは無関係に増え続ける」このことから、「仕事の量は、完成のために与えられた時間をすべて満たすまで膨張する」という法則ができたのです。

要するに、**無意識に仕事をすると、ついつい期限までの時間をすべて使い切ってしまう**

のです。

つまり、締め切りまでに余裕がありすぎると、プレゼン資料を作成する場合なら、見た目にこだわりすぎたり、関係ない情報まで調べたりして、時間を浪費してしまうのです。結果、気づいたら、締め切りギリギリになっているのです。

本当に必要なものだけに時間を使うよう、コントロールすることが重要です。まずは必要な作業を特定し、作業時間を見積もり、少し厳しめの期限を設定することです。その際、各作業工程の節目であるマイルストーンを設定すると進捗も管理しやすくなります。また、万が一に備えて空き時間を別途設ける必要はありますが、不測の事態が起こったとき以外には使いません。

はじめから期限に余裕を持たせて、本質的でないことに時間をとられるのはもったいない。ムダなことをやるよりも、必要な作業をいかに早く終わらせるかを考えるほうが大事です。

作業時間を余計にとろうとしない

7 時間とのつき合い方を疑うと仕事がラクになる

ギリギリになる仕事の習慣は、根性や気合、やる気では克服できません。

あなたは、すでに気づいているはずです。心の中で「アタフタしたくない」「バタバタしたくない」「ギリギリになりたくない」「時間をうまく管理して、早く仕事を終わらせたい」などと思っているのに、「面倒くさい」「なんとかなる」という弱い自分が出てきてしまうことを。

良くないと頭ではわかっているのに、なぜかわからないけれども、何度も何度も同じ過ちを繰り返してしまう。要するに、**自分を変えることは、それほど簡単な話ではありません。**

むしろ、自分の性格や癖をいきなり変えようとせず、時間管理の観点から、仕事の進め方や環境や仕組みに目を向けましょう。

何に時間を使っているのか、なぜ時間がかかるのか、まずは自分の時間の使い方を検証することが大事です。現状をしっかりと認識すれば、間違った努力を避けることができます。**今までの根性論とは違い、事実をもとに時間に対する考え方や環境を変えるのです。**

時間とのつき合い方やスケジュールの組み方を改善し、行動も変えれば、期限よりも前に仕事が終わります。ギリギリにならずに早く終わらせる行動が成功体験となり、これを積み重ねていくことが嬉しくなります。

行動が習慣化すれば、頭で考えたり決めたりするような精神的な疲労や負荷が軽減されるので、行動をはじめること自体がラクになります。すると行動が早くなり、さらに成果を出していくという好循環が生まれるのです。

さらには、成果を出す行動をしている自分が好きになっていきます。

point

有効な時間とのつき合い方を習慣化する

第１章まとめ

・やる気やモチベーションに依存しない
・気合や根性で先延ばし癖を直そうとしない
・他の人が自分の仕事が終わるのを待っていることを踏まえ、仕事を計画する
・「トラブルが起きても間に合う」柔軟なスケジュールを組む
・「人は忘れる」という前提に立ち、忘れたら思い出せる仕組みを作る
・「忙しい」や「がんばっている」という言い訳をやめる
・感情的に判断せずに、事実をもとに合理的に考える
・仕事の量は、完成のために与えられた時間をすべて満たすまで膨張する
・本質的に必要のないものは取り除く
・自分を変えようとせず、時間の使い方、仕事の進め方、環境、仕組みを変える

チェックしましょう！

チェックがついたら、本章を読み返しましょう

- □やる気だけで仕事をしようと思っている
- □「やらなかったら、怒られる」をベースに行動している
- □あなたの仕事の成果を待っている人がいることを忘れている
- □他人とうまく仕事をする方法を考えていない
- □びっしりスケジュールになっている
- □空き時間を予定に入れていない
- □自分の記憶に頼りすぎている
- □忘れたときに思い出させてくれる方法がない
- □何を求められているかを明確にせずに進めている
- □何でもかんでも自分でやろうとしている
- □必要がないことをしているかもと思う節がある
- □何に時間を使ったか意識していない
- □根性や気合で自分を変えようとしている
- □うまく仕事のスケジュール管理ができている自分が想像できない

第２章

アタマの切り替えを減らす

1 「切り替えコスト」を体験してみよう

「切り替えコスト」とは何か？

切り替えコストとは、ある仕事を行っているときに、別の仕事に着手する際に発生するストレスであり、浪費した時間やムダです。仕事の切り替えを繰り返すことで、脳が疲弊し、集中力が落ちるため、仕事がはかどらなくなります。

夕方に「あっ、もうこんな時間になっていた……」「仕事に集中していたつもりなのに、時間の割には進んでいなかった……」「疲れた……。でも、まだやることがある……」。このような経験は誰にでもあると思います。休む間もなく次から次へと降ってきた仕事にそのまま取りかかった結果です。

これが、あなたが払った「切り替えコスト」です。

しかし、私たちは普段どれくらいの切り替えコストを払っているかに気づいていません。時間を有効に活用していくためには、私たちが思っている以上に切り替えコストを払っている事実を無視することはできないのです。

作業の切り替え回数が増えると、あなたが払う切り替えコストも増えます。実際に切り替えコストを払う体験をしてみましょう。

切り替えが1回の場合と多発する場合のそれぞれで時間を測って、切り替えコストを比較してみてください。切り替えをすると、ムダな動きや手間が増え、時間がかかり、面倒だと感じるはずです。

▼実験１：切り替えが1回の場合

次ページのように2つの枠を用意し、上の枠に、ひらがなで「あ」から「ん」までの46文字を五十音順で書いてから、下の枠に、「1」から「46」までの数字を順番に書いてください。

▼実験２：切り替えが多発する場合

上の枠に、ひらがなを1文字書いてから、下の枠に数字をひとつ書きます。次に上の枠に戻り、五十音順の次の文字を書いてから、下枠に次の数字を書きます。このやり方で最後の数字の46まで書いてください。

どうでしょうか？　私たちは、ちょっとしたことにも、切り替えコストを払っていることが体感できたのではないでしょうか？

▼ ひらがな（五十音順）

あ　い　う　え　お　か　き　く
け　こ　……
……　ん

▼ 数字（1～46）

1　2　3　4　5　6　7　8
9　10　……
……　46

point

不必要な切り替えほど大きな害はない

2 「切り替えコスト」の払いっぱなしはありえない

それでは、仕事中に切り替えコストをいくらぐらい払っているかを考えてみましょう。

集中しているときに突然割り込みが入り、仕事を中断することがありますよね。上司から進捗を聞かれたり、同僚から質問を受けたり、あるいはお客様から電話がかかってきたりして。

その対応が終わり、集中していた仕事に戻ろうとすると、「あれ、何だったっけ？」とそれまでやっていたことを忘れてしまい、メールや資料を読み直すことがあります。

仮に1時間に1回のペースで人に話しかけられ、仕事を中断すると、どれくらい時間をロスしたか考えてみましょう。

仕事を中断してから、やっていた仕事に再度集中できるまでに5分かかるとします。1日8時間労働だとして、仕事が毎時間中断すると、1日に40分、1週間で3時間20分もロスしたことになるのです。

他人からの割り込みだけではなく、複数のソフトウェアを同時に立ち上げて使用したり、複数のタブを使ってネットサーフィンをしたり、複数の作業を瞬時に切り替えながら実行するマルチタスクなどを考慮すれば、**「1週間のうち1日分の仕事の時間をムダにしている」と言っても過言ではありません。**

1時間に何回も仕事を中断するような環境で働いていたら、とんでもない時間を失ってしまうのです。

ハーバードビジネスレビューやBBCなどの海外の研究結果や調査でも、仕事に割り込みが入ると、生産性やIQが下がるという報告がされています。

私たちは、これらの課題に真摯に向き合う必要があります。いくら手帳やToDoリストの使い方がうまくなったところで、「成果を上げて、働く時間を減らす」という根本的な課題を解決できなければ意味がありません。**仕事の効率を上げるには、切り替えコストとムダを減らすことが重要**です。

point

他の仕事に気をとられると、膨大な時間を浪費する

3 気分が良くなる「マルチタスク」は弊害をもたらす

あなたは、「マルチタスク」と聞くとどんなイメージがありますか？

「複数のタスクを同時に処理している」「マルチタスクをやっている人は、多くのことを達成している」そんなイメージではないでしょうか？

しかし個人レベルで考えれば、これは私たちの思い込みです。

マルチタスクとは、取り組むタスクを瞬時に切り替えていることです。表向きには、同時に処理しているように見えますが、実際には、複数のタスク間をせわしなく行き来している状態です。

つまり、切り替えコストが発生しているのです。

そのため、切り替える頻度が高くなると脳が疲れ、集中力が落ちます。

企画書や提案書を作っている最中に、お客様からの電話に対応すると、資料作成への集中力が途切れてしまいます。電話で話しながら、今までやっていた作業を継続しようとしても、うまくいきません。資料の読み直しや書き直しが発生し、電話で話している内容にも集中できません。聞き逃したり、聞いたばかりの話を忘れてしまい、再度聞き直すことになります。

米国スタンフォード大学のある調査では、**タスクの切り替えを過剰に繰り返すとストレスがかかり、脳細胞の破壊につながる**という報告もされています。経験的に、いろいろなことを一度に行ったり、考えたりして頭を使いすぎると、頭が疲れるだけではなく、頭が重くなったり、頭痛が起きたりするので、なんとなくわかるのではないでしょうか？

とは言え、マルチタスクは中毒のようなものです。簡単には止められません。経験上、マルチタスクをすると気分が良くなることがあります。多くのことを達成した気分になり、快感も伴うためです。

しかし、過剰なマルチタスクは作業効率を下げ、思っている以上に成果が出なくなります。個人レベルではマルチタスクをやりすぎないように注意が必要です。

point

マルチタスクをやめると集中力や効率が上がり、ミスやストレスが減る

4 「ToDoリストで管理」という思い込みを捨てる

あなたのやるべきことを一覧にした「ToDoリスト」は、「やりたいけど、やれていないリスト」になっていませんか？

ToDoリストは、やるべきことが一目で確認できる便利なリストです。しかし、ToDoリストにあるタスクがすべてなくなることはないと諦めている人は多いです。

ToDo管理サービスサイト「idonethis.com」によると、**「ToDoリストにある項目の41％は永遠に終わらない」**そうです。

では、なぜToDoリストを使っても、タスクが終わらないのでしょうか？

その主な理由は、ToDoリストの特徴、特に予定を立てる観点で見たときのデメリットを考慮していないからです。

▼ToDoリストが教えてくれない予定

①いつからはじめるべきか

②どれくらい時間がかかるか

③いつまでに終えるべきか

また、ToDoリストには、2、3分で終わるような簡単なタスクや1時間以上かかるタスクが混在しています。そのため、「次に何をすべきか」をその都度考えてしまうのです。

▼ToDoリストに依存すると、ついついやってしまうこと

①すぐに片づくタスクに取りかかってしまう

②重要なタスクより、直接、頼まれたばかりのタスクに着手してしまう

③なくならないタスクの多さを見て、やる気がなくなったり、ストレスを感じてしまう

ToDoリストを使うと、優先度の高い仕事を後回しにしてしまうリスクがあります。スケジュールされていない仕事は終わりません。

つまり、「何をいつやるか」を決めておけば、優先度の高い仕事はどんどん終わっていくのです。

やるべきことはすべて予定表やカレンダーに入れましょう。

作業を洗い出す上で、ＴｏＤｏリストを作ること自体は悪いことではありません。ただし、問題は「いつはじめ、いつ終わる」のか具体的な計画がないことです。

予定表に書かないと、ＴｏＤｏリストに書かれた作業をやらなければならない時間帯なのに、空いている時間と錯覚し、自ら別の予定を入れたり、他の人に予定を入れられたりすることがあります。その結果、ＴｏＤｏリストに載っている「やるべきこと」をやる時間が確保できなくなり、残業したり、締め切りに遅れたりするのです。

point

ＴｏＤｏリストに書く仕事はスケジュールに落とし込む

5 「探しもの」をする時間はムダ

「あの書類、どこにしまったかな」
「前回の打ち合わせでメモしたの、どこにいったかな」
「あのファイル、どこに保存したかな」

このように、私たちは1日に何回も「探しもの」をしています。

仮に1時間に数回、資料やデータを探し、1回探すのに30秒かかるとすると、1週間で約1時間も探しものに時間を使ったことになります。何も付加価値を生まないムダな行為に1時間も浪費しているのです。

物理的に離れた所に資料を取りに行ったり、ソフトウェアを起動させてから情報を見るまでの時間を想像すれば、さらに時間を費やしていることがわかります。

この探す行動は、自分が思っているよりも多いです。

その理由は、作業をするのに必要な資料や情報がバラバラに保管・管理されているからです。また、どこに何があるかも把握していないからです。

例えば、

- 仕事の資料やフォルダをどこの棚や引き出しにしまったか覚えていない
- デスクの上や引き出しの中がごちゃごちゃしていて必要な書類やメモが見つからない
- パソコンに保存したファイルや特定のメールがなかなか見つからない

などです。**限られた時間の中で成果を出さなければいけないのに、資料やデータを探すためだけに相当の時間と労力をムダにしています。**

ムダな探しものを減らすため、ものや情報はできるだけまとめて保管し、探す行為を減らすことが重要です。また、検索自体に時間をかけないような工夫やスキルアップが必要です（詳しくは第6章を参照）。

point

自分の時間が失われている事実を認識する

6 「仕事の時間割」を作れば集中力も高まる

仕事の邪魔をされない日はありますか？

オフィスは、あなたの集中を妨げるもので溢れています。

突然の電話、上司からの呼び出し、後輩からの質問や相談、ミーティング、アポなしの来客、周りの笑い声や話し声、新着メールやメッセージの通知など、仕事の邪魔をする外的要因は多いです。これに加え、ほんの息抜きのつもりのラインやインスタグラムなどのSNSやネット検索で、自分が集中していた仕事から簡単に脱線してしまいます。

また、愚痴やため息を頻繁につく人が周りにいれば、負のオーラが伝染し、不快を覚え、イライラし、やる気をそがれます。

このような職場環境に慣れてしまうと、周りの人の集中を妨げている意識が弱くなり、自分自身も知らず知らずのうちに、周りの人に迷惑をかけてしまうこともあります。

伝染病かのように感染し、連鎖的に邪魔する人、邪魔される人数が増えていきます。

この現実を踏まえ、仕事に集中できる仕組みや環境を具体的に作っていくことが重要です。

自分のリズムで仕事に集中できる環境や仕組みを作ることにこだわることは、成果を出す上で非常に重要です。

そのためには、まず何に邪魔されているのかをリスト化して、見える化しましょう。次に、それぞれどれくらいの頻度で仕事を中断しているのかを考えましょう。そして、やっていることから脱線し、元の仕事に戻るまでに時間がかかる事柄を確認しましょう。

これらの事実を認識することで、具体的な対策を考えやすくなります。

簡単にできることとして、メールやメッセージの通知のポップアップ機能をオフにする、会議室などの邪魔されない場所に移動して仕事をする、あるいは会社がＯＫであれば、リモートワークをするなどの方法があります。

さらに実践的な手段としては、仕事の時間割を作ること、つまりスケジュールを組むことです。

スケジュールを組むことで、自分のリズムで「やるべき仕事」に集中できます。

あなたの仕事を中断させる要因は何ですか？

明日以降にでも話し合えばいいミーティングに突然参加させられたり、相手だけの都合で話しかけられたり、優先度の低い案件について急遽時間を割いたりしていませんか？

予定を自分から立てていくことで、このような突発的な用件による仕事の中断を減らすことができます。

単純に「ノー」と断るわけではありません。

例えば、「優先度の高い○○の仕事を今日の午後3時までに終わらせなければいけないので、それ以降なら大丈夫です」と自分の都合のいい時間帯を提案するのです。

自分の予定を共有し、空いている時間を周りの人に知ってもらうことで他からのジャマが減ります。


提案しにくい職場であれば、普段からまとまった空き時間を予定しておくとスケジュール調整がしやすくなります。この時間帯は休憩時間というわけではなく、自由に仕事内容を選べることにしておけば、ミーティングに参加したり、できなかった仕事をやったりと、柔軟に対応することができます。

大事なことは、**相手から言われて反応するのではなく、自ら予定をコントロールすることです**。

そうすることで、集中力が増し、仕事の効率や生産性を上げることができます。頭の切り替えを減らし、ムダや疲労感も減らせます。

効果が体感できれば、さらに時間を有効に利用するために自分のスケジュールをコントロールしたいという気持ちになり、好循環が生まれます。

point

仕事がしやすい環境を自ら作っていく

7 「1時間病」から脱却！「分単位」で変わる仕事のリズム

仕事の予定を見てください。多くの予定が1時間で設定されていませんか？

多くの人が何も考えずに1時間単位で予定を立てがちです。

私は、これを「**1時間病**」と名づけています。

1時間病の人は、総じて結果への意識が低いです。本来、成果や目的を踏まえて、それに必要な時間を設定すべきです。しかし、実際にミーティングや仕事の予定を立てるとき、そこで決めるべきことや、やらなければいけないことよりも、ついつい、とりあえず時間を確保しようと、1時間を設定してしまいます。

時間は限られています。

1日の労働時間が8時間だとすると、何も考えずに設定されたミーティングや予定が4つあるだけで、1日の半分が奪われてしまいます。この**どんぶり勘定**的な時間管理を改めなければなりません。

シンプルな対策は「１時間」という言葉の使用を禁止し、分単位でスケジュールを考えてみることです。実際に使える時間を細かく見える化するのです。

すると、１日に４８０分もあった使える時間が、予定を入れはじめると、すごい勢いで０に近づいていきます。今までの大雑把な時間感覚ではマズい、貴重な時間が失われていると感じるはずです。要するに、**時間は「天引き」で考える**と、重みが変わってきます。

こうした「分」の感覚を持つことで、時間の使い方に対する意識が大きく変わります。

さらに、時間感覚を鋭くするために、「60秒で何ができるか」考えてみてください。

例えば、お礼の返信メールをしたり、ＳＮＳやメッセンジャーを確認し返事をしたり、ちょっとネットで検索したり、アイデアを考えたり、いろいろなことができます。

この60秒の可能性をぜひ体験してください。

今まで以上に、仕事における体感速度を高めることができます。

point

時間の単位を分や秒で捉え、１時間病を脱却する

第２章まとめ

・想像以上に切り替えコストを払い、時間を浪費している事実を無視しない
・切り替えコストとムダを減らすことが仕事の時間管理の成功要因
・自分の仕事の特性を理解し、注意散漫になるマルチタスクと向き合う
・付加価値を生み出さない「探しもの」を減らす
・仕事に集中できる仕組みや外部環境を作ることにこだわる
・仕事のスケジュールを組むことで、目の前の仕事に集中できる
・「時間は有限だ」と自覚した瞬間から、あなたは変われる

チェックしましょう！

チェックがついたら、本章を読み返しましょう

□何気なく頭を切り替えてしまう
□集中力がしょっちゅう落ちる
□複数のソフトウェアを同時に立ち上げすぎている
□仕事の中断後、メールや資料を読み直している
□マルチタスクで注意散漫になっている
□その都度、頭の中でスケジュールを組んでいる
□優先度の高い難しい仕事を後回しにしてしまう
□メールやファイルがなかなか見つからない
□必要な紙の資料が手の届くところにない
□邪魔されない場所や時間帯を作れない
□自分のリズムで仕事ができていない
□ミーティング時間は1時間だと思っている
□残された時間を意識していない

第3章

仕事のスケジュールを組むための「仕分け術」

1 手帳より便利な「デジタルカレンダー」

仕事のスケジュール管理は、手帳を含むアナログなやり方よりも、Google や Outlook などのデジタルカレンダーのほうが便利です。

アナログなやり方に問題があるというよりも、「デジタルなやり方によるメリットを享受できない」というデメリットが大きいのです。

▼デジタルカレンダーのメリット

①リマインダーやアラームの通知機能で忘れ防止

予定を前もって知らせてくれるため、締め切りを見逃しません。自分から確認する必要はなく、個人秘書を雇っているようなものです。

②繰り返しの予定を入れるのがラク

定例ミーティングや毎週行われる予定を入力する手間が減ります。最初に一度予定を入力すれば、残りの予定は自動的に作られます。

③他人との時間調整がラク

スケジュールを共有することで、お互いの空き時間を確認でき、スケジュール調整が容易になります。時間変更も簡単にできます。

④予定の詳細も簡単に確認できる

予定だけではなく、その予定に書き込んだメモや関連資料もすぐに確認できます。

⑤いつでも、どこでもスケジュール管理ができる

スマホから簡単にアクセスできます。わざわざスケジュール帳を持ち歩く必要はありません。

⑥複数のカレンダーを使い分けることができる

カレンダーを「仕事（個人）」「仕事（チーム）」といった項目ごとに管理できます。カラーで分類分けができ、見たいカレンダーだけを表示することもできます。

⑦「退社時間」の意識が持てる

ToDoリストとは違い、退社時間が視覚的にわかります。「今日もこの時間までに帰ろう！」という意識が持て、集中力も上がり、作業スピードも速くなります。

パソコンやスマホを普段から使っている人であれば、仕事のスケジュール管理において、アナログなやり方にこだわる必要はないと思います。もし抵抗があるのであれば、それは「慣れ」の問題です。

新しいことに挑戦しようとすると、多くの人は不安になり、やらない理由を先に考えてしまいます。

デジタルカレンダーは手書きと比べて入力に時間がかかるとか、人前で使うのはちょっと体裁が悪いなど、もっともらしい理由を考えて、デジタルカレンダーを試そうとしないのではありませんか？

しかし、効率良く仕事をする上で、デジタルとアナログなやり方、それぞれのメリットとデメリットを客観的に比較検証してみてください。定例会議の予定入力、スケジュール変更による修正、予定の詳細確認などのケースで考えてみましょう。

スケジュール管理の手間やムダを減らせ、締め切りの忘れ防止もしてくれるデジタルカレンダーを利用しないのは、もったいない。

技術の進歩により最善なやり方は変わります。実践的かつ合理的に考え、時代に合わせて過去に身につけた知識ややり方をアップデートする必要があります。

デジタルカレンダーを活用して、効率良くスケジュールを整理し、仕事で成果を出していきましょう。

point

デジタルカレンダーのメリットを最大限に活かす

2

すべては「作業仕分け」からはじまる仕分け①：何をすべきか？

仕事のスケジュール管理は、作業やタスクを「仕分け」するところからはじまります。せっせと目の前にある作業をすることではありません。限られた時間内で、成果を上げるために「的」を絞ることが大切です。**集中すべき先を決める**のです。

▼やらないことを決めると、やるべき仕事に集中できる

仕事が遅くなる原因のひとつに、仕事の抱え込みすぎがあります。あなたはどうですか？今抱えている仕事は、本当にあなたがやるべき仕事ですか？　少し考えてみてください。

もし成果に影響しない仕事であれば、今すぐにやめてください。

責任感のあるあなたは、今までやってきたから、自分でやらなければいけないと思っているかもしれません。しかし、やるべきことに焦点を当てるということは、他の仕事に対して、「ノー（＝やらない）」と言うことです。

あなたが本来やるべき重要な仕事に集中するために、目の前の業務にすぐに取りかかる

のではなく、あえて「他の人にお願いする」ことから考えるべきです。**自分以外の人ができること、ルーチンワークのような単純作業などを他の人にお願いしていくのです。**そのためには、誰でもその業務ができるように**標準業務手順書やマニュアルを用意する**ことが重要です。

作成のポイントは、業務の詳細を相手に理解してもらうことではなく、書いてあることをやれば、誰でも同じ成果を出せるようにすることです。

可能であれば、外部の業者に委託できるとベストです。

最終的に、他の人にお願いしなかった仕事や、支援してもらえなかった仕事、それがあなたのやるべき仕事です。

▼人にお願いできない原因は、あなたの考え方にある

他の人に頼みごとができない。周りの人にお願いができない。そんな悩みを抱えている人は意外に多いです。その根本的な理由は､頭のどこかで「自分から助けを求めたくない」という変なプライドや考えを持っているからです。

「無知な人、できない人」だと思われたくない､「頼むと嫌がられる」からお願いしたくない、

あるいは教えるのが面倒だから任せたくないなど、さまざまな理由で自分から他の人に支援を求めようとしません。結果として、仕事を抱え込んでしまい、仕事が遅くなります。

個々の作業云々よりも、すべての仕事の生産性という大きな視点で考えましょう。

自分自身がボトルネック、つまり、遅れの原因を作っている主犯格であることを認めることが第一歩です。

「私は一生懸命がんばっている。真面目にやっている」という根性論で感情的に反論するのではなく、遅れている、ギリギリになる、アタフタする、バタバタしている、そんな事実や原因をしっかりと認識することが大事です。

そうすることで、具体的に改善することが可能になります。

▼依頼の仕方を改善すると、うまくいく

仕事の依頼の仕方や伝え方を見直すのも重要です。

海外の人と仕事をすると気づくのですが、**日本人は総じて依頼の仕方が下手です。**依頼者は言葉が足りなかったり、やり方を中心に説明するため、期待しているものと違う成果物になることがあります。

これは依頼者が自分の中で「当たり前」「普通」「常識」と思っていることをキチンと説明していないからです。また成果として具体的に何を求めているかを説明するのではなく、やり方の説明に比重を置いてしまうからです。

そして、依頼した仕事がうまくいかないと、依頼者は「担当者の知識や能力がない」とか、「私たちは、ずっとこのように仕事をしてきたのに、なぜできないのかわからない」など、もっともらしい言い訳や相手に非があることを強調し、誤魔化します。

これは、ハッキリ言ってしまえば、依頼者の力不足です。**何を具体的に求めているのか、いつまでに完成させるのかを明確にし、依頼することが重要です。**

また、依頼するだけではなく、自分が得意なことや好きな仕事については、他の人をできるだけ支援する意識を持つことも大切です。特にやるべきことが多いときは、それぞれの得意分野を活かし助け合うほうが、あなただけではなく全員にとって効率が良く、時間短縮につながります。

point

他の人に支援してもらい、何でもかんでも自分でやらない

3 仕分け②：いつはじめ、いつ終わるのか？

やるべきことを絞ったあとは、いつやるかを決めて、カレンダーに予定を入れます。**ポイントは、「今すぐやる」と「健全な先送り」をかけ合わせることです。**

本項ではどのように仕事を仕分け、カレンダーへ入力するのかを説明していきます。

カレンダーへ予定を入力する仕分けの方法は3つあります。

① 5分以内に終わる仕事なら、すぐにやる

その場ですぐにやってしまえばあとがラクなのに、なぜか躊躇してやらず、あとで苦労する。そんな経験はありませんか？

例えば、メールがきたら「どう返そうかな」と考え、相手があなたに求めていることよりも、返事の仕方や書き方に注意がいってしまう。そうこうしているうちに、次の予定が迫ってきたり、割り込みの仕事が入ったりして、メールを返信できず、あとで見直して送ることにする。しかし気づけばメールはずっと放置され、すっかり忘れてしまう。相手か

らの催促で思い出し、慌てて返事をする。

これに似たような経験をした人は多いと思います。

すぐできることを今やらないと、時間が経てば経つほど、仕事の利子がついてきます。100やるべきことが、110、120と増えていく感じです。気づけば借金まみれの状態です。つまり、溜め込んでしまうとやるべきことが増え、すべてが後手に回ります。

そのため、**基本は、「今すぐやる」**です。

今すぐにやってしまえば、あとからアタフタ、バタバタすることが減ります。仮に急ぎの仕事が入っても柔軟に対応することができます。

②締め切りがあり、15分以上かかる仕事やミーティングなら、通常のカレンダーに予定を入れる

今すぐにやらなくてもいい仕事は、一旦、忘れてもいい仕事です。

やらなくてもいい仕事に注意を払ってしまうと、本来、やるべき仕事への集中を妨げてしまうからです。**優先度の低い仕事をあと回しにすることが重要です。**

つまり、今やるべきことに集中するために、健全な先送りをするのです。

この判断をするために確認すべきポイントは２つあります。

（１）その仕事に締め切りがあるか

（２）その仕事を終えるのに15分以上かかるか

もし締め切りが明確で、所要時間が15分以上かかるなら、通常使っているカレンダーに予定を入れましょう。ミーティングの予定も同様です。

時間がかかる大きな仕事や、なかなか進まない仕事は、細かく分解しておくと進捗管理がしやすくなります（詳しくは１０２ページ参照）。

また**アラーム機能のリマインダーを設定し、「すっ**

カレンダーへ予定を入力する手順

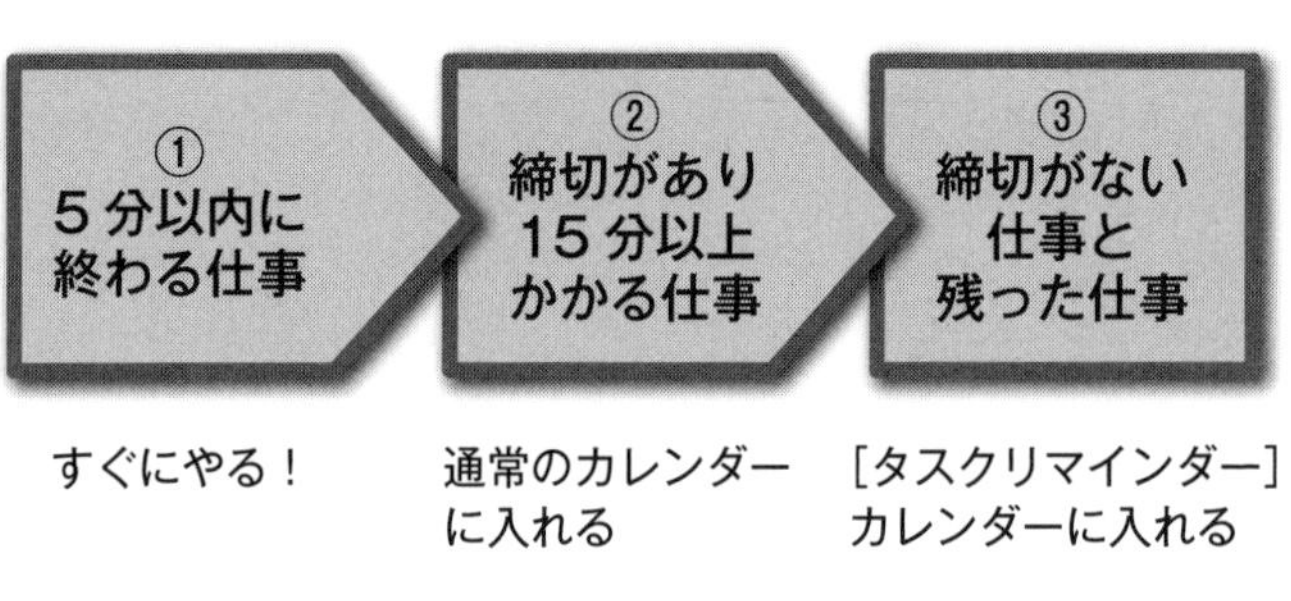

かり忘れてしまった」を仕組みで減らしましょう。開始時や締め切りなど注意すべきタイミングで、自動で通知してくれる仕組みを作ることが重要です。

③締め切りがない仕事や、その他残った仕事（①と②に該当しない仕事）を「タスクリマインダー」カレンダーに入れる

デジタルカレンダーのメリットのひとつは、用途や目的に応じて、複数のカレンダーを使い分けることができることです。この機能を活かして、今すぐやらなくてもいい仕事を効率良く管理していきます。

　まず、通常使っているカレンダーとは別に、「タスクリマインダー」というカレンダーを作

通常カレンダーと「タスクリマインダー」を同時に表示

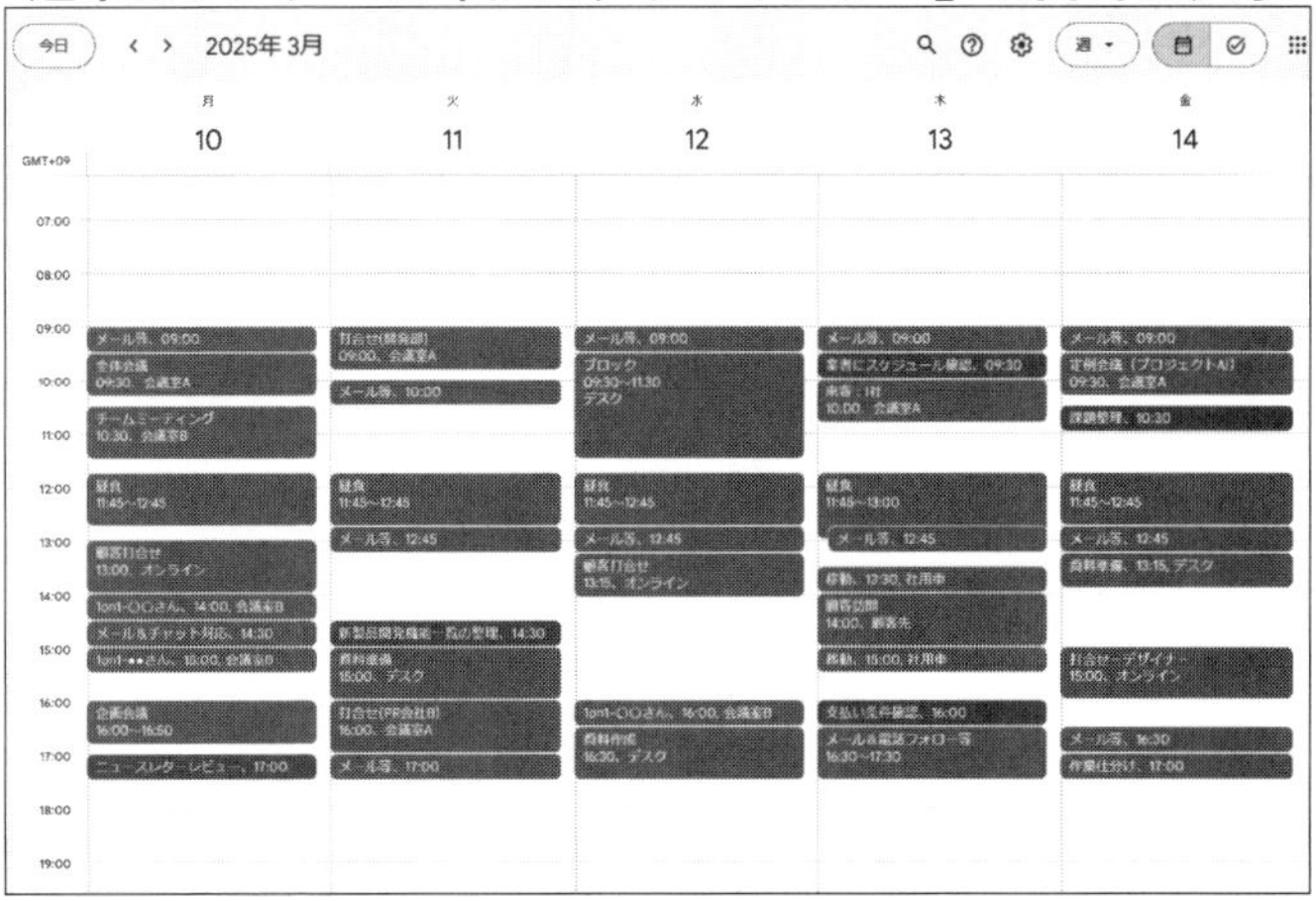

ります。このカレンダーには①や②に当てはまらない、残っているすべてのタスクの予定を入れます。

通常のカレンダーとの違いは、**スケジュールを組む上で、リスケ対象になりやすい仕事が入っているということです。**

つまり、もし急ぎの仕事が入った場合は、「タスクリマインダー」カレンダーに入っている予定を動かし時間を作ります。

やるべきことが複数あって、それぞれの仕事が10分ぐらいで終わるようなものであれば、50分の作業予定を立て、この**予定の詳細にやるべき一覧、つまりToDoリストを記入して進めるのも有効です。**

なお、カレンダーに予定を詰めすぎるとリスケが難しくなります。まとまった空き時間を週に2、3確保しておくとスケジュール調整がラクになります。

point

今やるべきことに集中するために後回しにする

4

仕分け③：「タスク置き場」をどこにするか？

タスク置き場とは、やらなければいけない仕事やタスク、それに関連する情報や資料などが保管・管理されているところです。

例えば、机の上、引き出し、棚、業務フォルダ、手帳、ノート、裏紙、カバン、名刺入れ、領収書が入った財布などです。

また、物理的なところ以外にも、頭の中、メールのＩＮＢＯＸ、パソコンの各フォルダ、スマホ（会社用、プライベート用）、メッセンジャー、専用業務ソフトなどです。

そのタスク置き場に、メール、作業、アイデア、メモ、ＴｏＤｏなどの、まだ処理されていないものが集められている感じです。

ここでいう「処理されていないもの」とは、本章で紹介している「作業仕分け」がされていないものという意味です。

つまり、「何をすべきか？」「いつはじめ、いつ終わるのか？」「どこのタスク置き場で管理するのか」を決めていないものです。

タスク置き場の数が多いということは、作業をするのに必要な資料や情報がバラバラに保管・管理されているということです。つまり探すのに手間と時間がかかるということです。ミスやモレにもつながります。

まずは、あなたの現状を把握し、タスク置き場の数を減らすことを考えましょう。詳しくは、第6章で紹介します。

point

探しものに莫大な時間をとられる管理法はしない

5 作業仕分けの時間を設ける

本章で紹介した作業仕分けを試しにやってみてください。すると、自分の仕事の進み具合や調子がいいと感じるときは、作業仕分けがある程度できていたときだと気づくと思います。

要するに、**作業仕分けをしっかりすれば、ムダを減らし、本当にやるべき仕事に集中できるため、効率良く成果を出すことが可能になります。**

最初は、「作業仕分けにかける時間すらない」と思うかもしれません。また作業仕分け自体に時間を割くことに不安を覚えるかもしれません。

しかし、実際には、あなたはすでに似たようなことをやっています。誰もが、何をやらなければいけないのか、いつやるべきなのか、どこに関連情報や資料を置いておくのかなどを考えています。

問題は、多くの人が山積みの仕事を手当たり次第片づけようとしていく中で、その都度、考えていることです。

そこで、意図的に作業仕分けの時間を設け、集中し、今やっている非効率のやり方を改善していきます。

まずは**毎日、朝一番か帰り際の15分~30分を、誰にも邪魔をされない時間として確保し、作業仕分け**を試してください。もし毎日するのが難しい場合は、週の最後、金曜日にまとめて1時間程を確保してもいいでしょう。

慣れてくると、もっと短い時間で作業仕分けできるようになります。タスク置き場の数も5つぐらいになるように減らし、ムダを激減しましょう。不必要な作業も減り、成果を出すための仕事に集中できます。

あなたの仕事のスケジュールや進め方が改善され、短期間で成果を出せるようになります。

point

無計画にやっている作業仕分けを意図的に行う

6 作業名を名詞で考えると何をすべきか明確になる

作業仕分けの最初のステップで、「何をすべきか」を明確にしますが、作業名をシンプルにわかりやすく表現することが大切です。

そこで、注意したい点が２つあります。

ひとつ目は、**予定を入れる際は曖昧な言葉を使わないこと。**

例えば、「検討する」です。これは頭で考えることであり、抽象的な表現です。人により、何を話し合い、何を決めるのか解釈や意味するものが違います。誰もが同じ認識を持てるように、具体的に行動を書く必要があります。

２つ目は、**その行動により何を成し遂げるのか、どのような状態になりたいのかを明確にすること。**

作業やタスクを実行することで得られる成果を具体的にすることが重要です。何を作るのか、何を結果として求められているのか、どういうものが得られるのか、つまり名詞で成果を考えると、何をすべきかがより明確になります。

例えば、スケジュールに「顧客満足度を調べる」と入れるのではなく、「顧客満足度調査報告書の作成」と入れることで、報告書を作る意識が持てます。するとこの報告書には何の情報が必要なのか、つまり成果物の要求事項は何かを考えるキッカケになるため、何をやるべきかがより明確になります。

これを繰り返すと副産物として、他の人とのコミュニケーションもうまくできるようになっていきます。

point

作業の成果物を常に考えよう

行動が曖昧な表現

検討する、考える、管理する、把握する、確認する、チェックする、協議する、話し合う、議論する、調整する、調べる、研究する、勉強する、覚える、努力する、徹底する、実践する、実行する、実施する、遂行する、推進する、進める、活用する、協力する、支援する、助言する、迅速化する、明確化する、円滑化する、共有化する、向上する、企画する など

7 「デジタルカレンダー」で管理すると「忘れ」が減る

「今日は、やるべきことを終わらせて定時で帰るぞ！」と気合を入れて仕事をはじめます。順調に仕事をこなして、さあ帰ろうとしたときに、「あ、しまった」。タスクの対応やメールの返信漏れに気づき、「どうしようかな。今日やるか、明日朝一番にするか」迷う。

あなたは、このような経験をしたことはありませんか？

このような問題が起こる原因は大きく２つあります。

ひとつ目は、**タスクがいろいろなところで管理されているため、すべてのタスクをまとめて把握できないこと。**

仕事量が増えてくると管理が難しくなります。特に、メール、カレンダー、手帳、ToDoリストなど、さまざまなところでタスクを管理していると、見逃したり、対応漏れが発生します。

2つ目は、**やるべきことを、いつはじめて、いつまでに終わらせるのか、時間の割り振りができてないこと**。

これらのことを踏まえ、具体的に対策する必要があります。

基本的には、**デジタルカレンダーを使って、時間軸でタスクを管理していきます。**

タスクには必ず締め切りがあり、やりはじめるべきタイミングがあります。そのため、タスクや作業をバラバラに管理するのではなく、時間を軸に考えるとすべてがつながります。

また作業仕分けのときに、同じ業務や似ている作業をまとめて処理できるように予定を立てると、その都度、準備や段取りを行う手間が減り、時間のムダを省くことができます。

例えば、電話する時間帯を決めて、アポ取りや業務連絡や確認などを「電話をする仕事」として一気に処理したり、データ入力関連の作業をバラバラに行わずに、連続して処理するようにします。

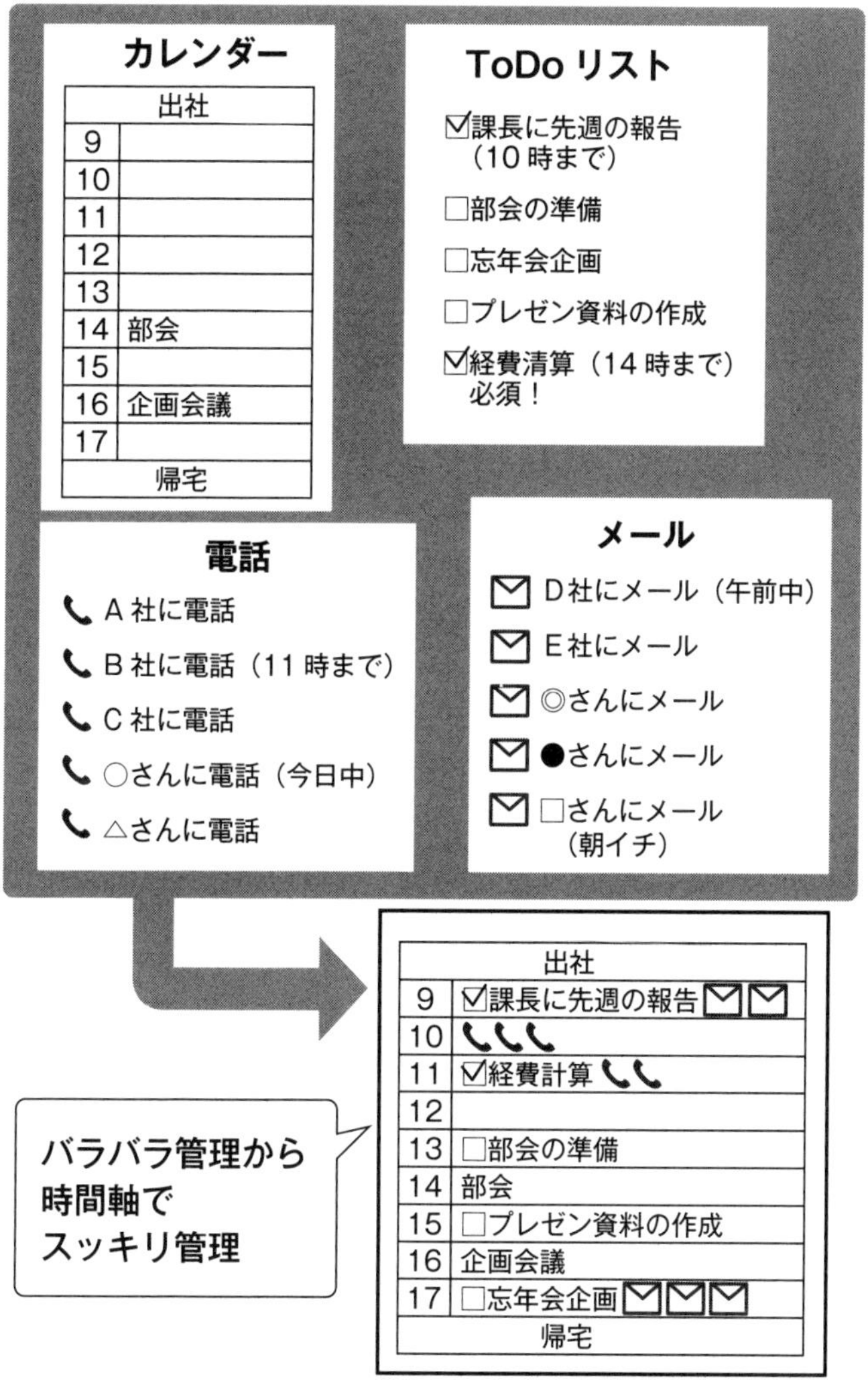
カレンダー
出社
9
10
11
12
13
14 部会
15
16 企画会議
17
帰宅
ToDo リスト
☑課長に先週の報告（10 時まで）
□部会の準備
□忘年会企画
□プレゼン資料の作成
☑経費清算（14 時まで）必須！
電話
A 社に電話
B 社に電話（11 時まで）
C 社に電話
○さんに電話（今日中）
△さんに電話
メール
D 社にメール（午前中）
E 社にメール
◎さんにメール
●さんにメール
□さんにメール（朝イチ）
出社
9 ☑課長に先週の報告
10
11 ☑経費計算
12
13 □部会の準備
14 部会
15 □プレゼン資料の作成
16 企画会議
17 □忘年会企画
帰宅
バラバラ管理から
時間軸で
スッキリ管理

やるべきことをカレンダーに紐づけることで、いつ何をすべきかが明らかになり、行動に移せるのです。

要するに、**学校の授業と同じように時間割表に基づいて、シンプルに行動することができるようになるのです。すると目の前のことに集中できます。**

授業のチャイムのように、デジタルカレンダーのリマインダー機能を使い、やるべきことを忘れず、時間に遅れないようにすることが重要です。

point

似ている作業をまとめて行えるように、時間を割り振る

似ている作業はまとめる

出社	
9	メール
10	企画書作成（セミナーA）
11	データ入力
12	
13	打合せ
14	電話
15	データ入力
16	企画書作成（セミナーB）
17	電話＆明日の準備
帰宅	

➡

出社	
9	メール
10 11	企画書作成 （セミナーＡ＆Ｂ）
12	
13	打合せ
14	電話
15 16	データ入力
17	電話＆明日の準備
帰宅	

8 ベストは「3つの目」で見られるスケジュール帳

３つの目とは、鳥の目、虫の目、魚の目です。
「鳥の目」は全体を把握する目、「虫の目」は目の前のことを詳しく見れる目、「魚の目」は物事の流れを見る目です。この３つの目を瞬時に切り換えられるのが、デジタルカレンダーです。

鳥の目のように年間、月間あるいは週間の予定を見ると、特定のタスクや作業だけにとらわれず、仕事全体が見えるようになります。

仕事が集中している時期の把握、スケジュールや負荷の調整、ある予定の事前準備の有無の判断、空き時間を簡単に探せるなどのメリットがあります。

予定を外出、打合せ、自分のタスクなど種類ごとに、あるいは優先度ごとに色分け管理していれば、カレンダーをひと目見ただけで直感的に予定がわかるメリットもあります。

見たい表示形式に簡単に変更できる

月

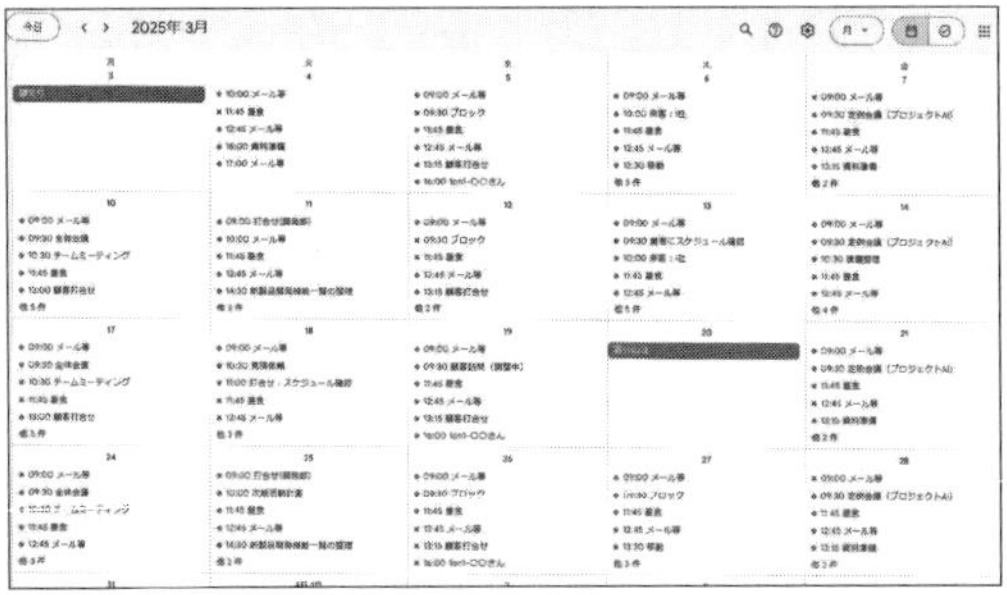

週

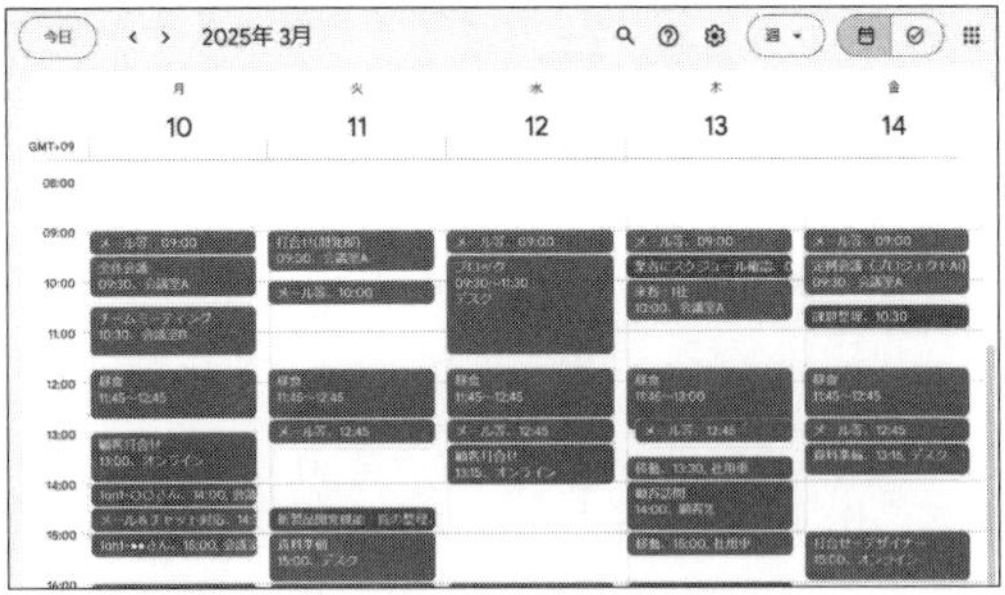

日

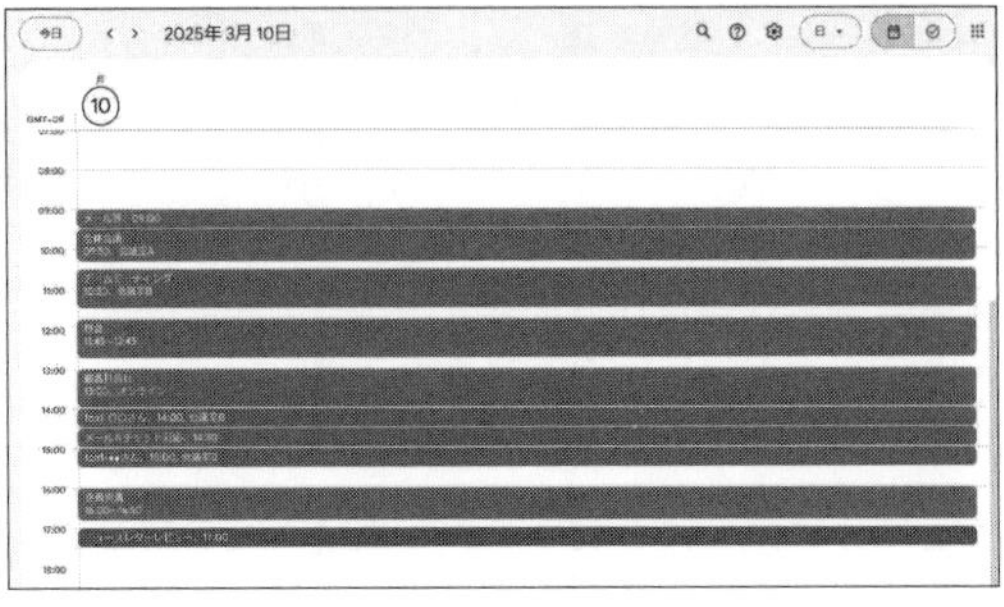

Googleカレンダーの場合

デジタルカレンダーであれば、クリック操作で簡単に鳥の目から虫の目に切り替え、タスクや予定の詳細を確認することができます。

例えば、ミーティングの予定の詳細を見れば、このミーティングで決めるべき項目のリストやアジェンダ、それに関連する資料や情報を確認することができます。

また**魚の目で月間のスケジュールを見たり、過去と最近のスケジュールを見比べることで、仕事の流れや傾向の把握、空き時間や余裕具合を掴めます。すると仕事のスケジュールを臨機応変に変更することができるのです。**

さらに、自分に合うスケジュールの組み立て方改善にもつながります。

point

いろいろな視点からスケジュールを見られるようにしておく

第３章まとめ

・仕事のスケジュール管理は、手帳よりデジタルカレンダーのほうがメリットは大きい

・やらないことを決めて、やるべき仕事に集中する

・「今すぐやる」と「健全な先送り」をかけ合わせて、スケジューリングする

・バラバラに管理されている資料や情報を一元的に管理すると、探す手間と時間だけでなく、ミスやモレも減る

・仕事のスケジューリングは、作業仕分けからはじまる

・予定名に成果物を書くと、何をすべきかがより明確になる

・カレンダーを中心に時間軸でタスクを管理する

・目的や用途に応じて、スケジュールの表示形式を切り替える

チェックしましょう！

チェックがついたら、本章を読み返しましょう

- □「いつやるか」を計画していない
- □頑なにデジタルなやり方を否定している
- □自分の役割を考えずに、仕事を進めている
- □助け合う精神が欠けている
- □仕事を溜め込んでいる
- □先送りが悪いことだと決めつけてる
- □頻繁に仕事を中断している
- □今やっていることは本当にやらなければいけないことかどうかわからない
- □作業を仕分ける時間をとっていない
- □やるべき作業を予定表に書く際、曖昧な表現になっている
- □やることをバラバラに管理している
- □似たような作業や関連する作業をまとめていない
- □仕事全体ではなく個別の作業の負荷だけを見ている
- □予定の詳細確認にてこずっている

第４章

「いつまでに」を癖にする「デッドライン」の守り方

1 「遅れグセ」がつくと、あなたの評価は下がる

「少し提出が遅れます」

この「少し」の代償は少しではありません。

約束した期限である「デッドライン」を守れないと評価はマイナスです。デッドラインに間に合わない人は、約束を守れない人です。

遅れグセがある人は、約束を破る常習犯です。周りの人から信用されていません。

事実、約束を破られた人に話を聞くと、「あー、彼はいつもそうだから」とか「そのうちやるんじゃない」と完全に他人事です。締め切りを守ってほしいという期待はなく、関心すら持たない状況になっています。

これは相手の期待を低くする戦略でも何でもありません。単純に仕事したい相手として見なされていないのです。むしろ、信頼がおけない理由で、拒否されている可能性もあります。

遅れグセのある人は、他人からの評価という前に、信用、信頼を失っていることを素直にかつ真剣に受け止めるべきです。

そして、計画通り予定を進め、自分との約束を守ること、タスクを締め切りまでに終わらせ、他人との約束を守ることが大切です。

ここで注意したい点は、**約束を守るために、持っている時間とやるべき仕事量のバランスをとる**ことです。それを踏まえてスケジュールを組むことが重要です。

point

いつも遅れる人は信用されない

持っている時間とやるべき仕事量のバランスは取れていますか？

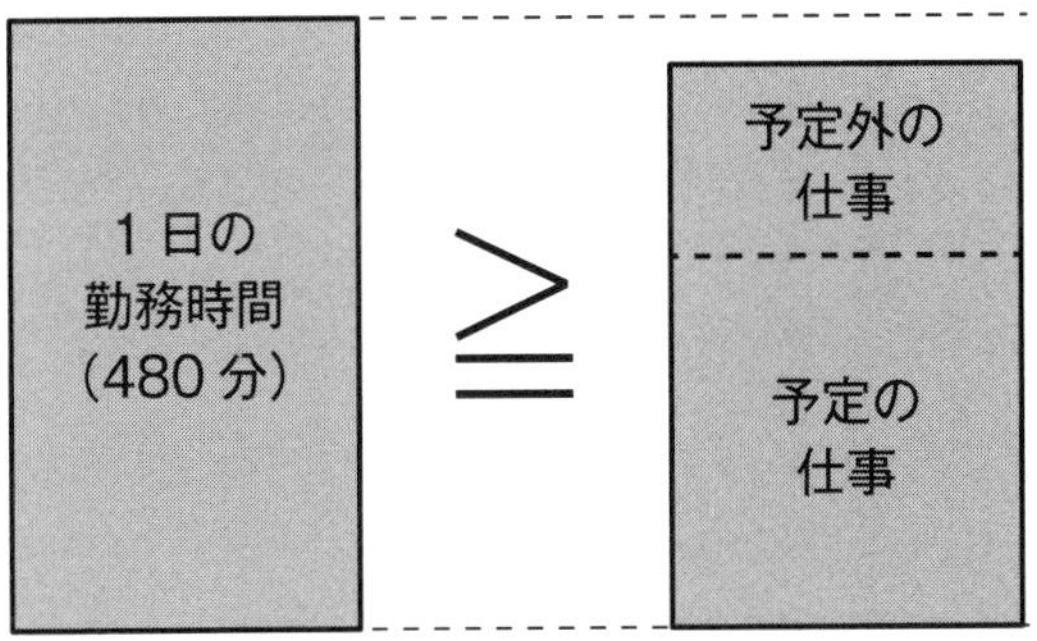

2 仕事の「優先度」は「緊急度」と「重要度」だけで決めない

よく言われている「仕事の優先順位は、緊急度と重要度をもとに決める」という考え方は、実は現場でがんばっている私たちには当てはまらないことがあります。

その理由は、**緊急度や重要度自体、自分ですべてコントロールできない**からです。つまり、顧客や会社、上司が決めることが多いのです。

現実的かつ実践的な優先順位は、締め切りであるデッドラインをもとに逆算すると決まります。その際、その**仕事にかかる所要時間と他の人への依存（例えば、上司への確認、レビューの依頼）も考慮する必要があります。**

仮に3つの仕事を受け持っているとします（次ページ上図参照）。それぞれデッドラインは違います。各作業にかかる所要時間を見積もり、逆算して着手する順番を決めるのです。

すると、3つの仕事の優先順位が見えてきます。最初にデッドラインが迫っている仕事Bをやります。次は仕事Cではなく、所要時間がかかる仕事Aを先にはじめる必要がある

デッドラインから逆算して作業を決める

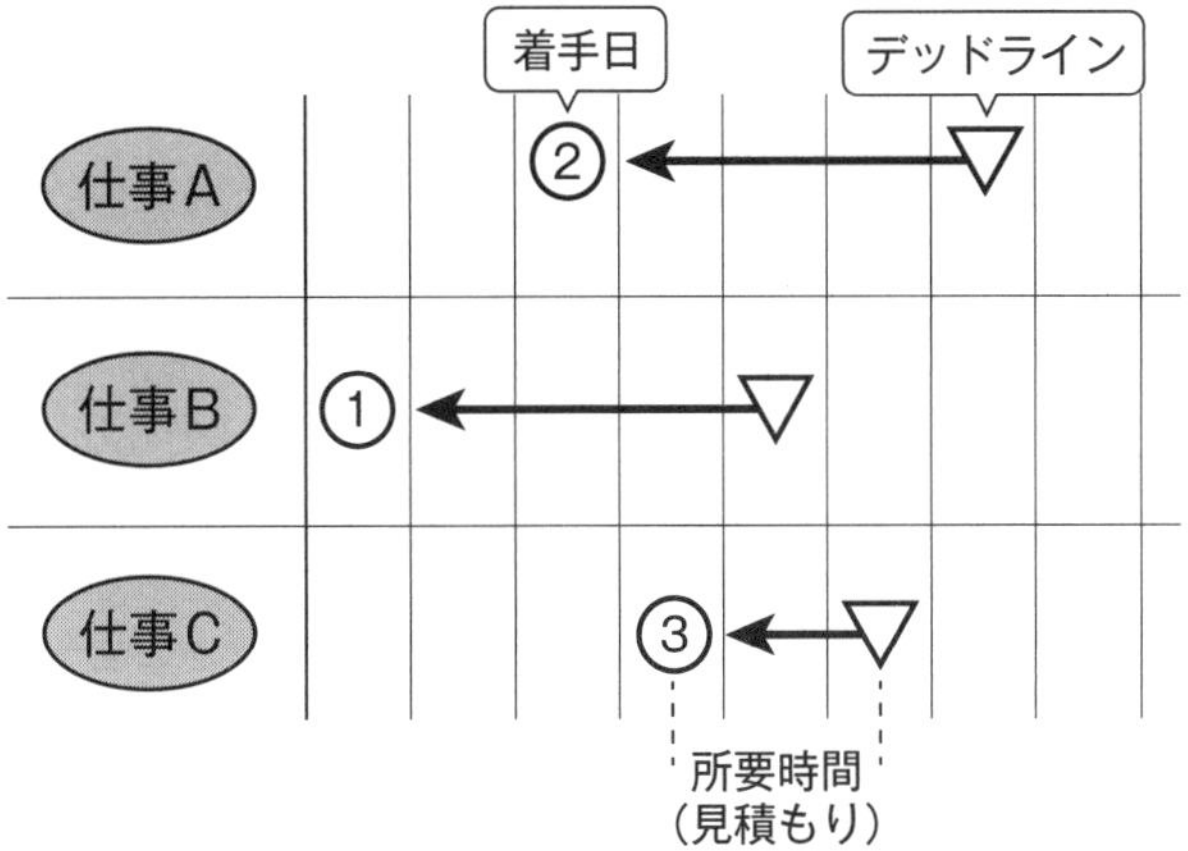

**自分ではコントロールできない依頼作業は
作業期間に余裕を持たせると安全**

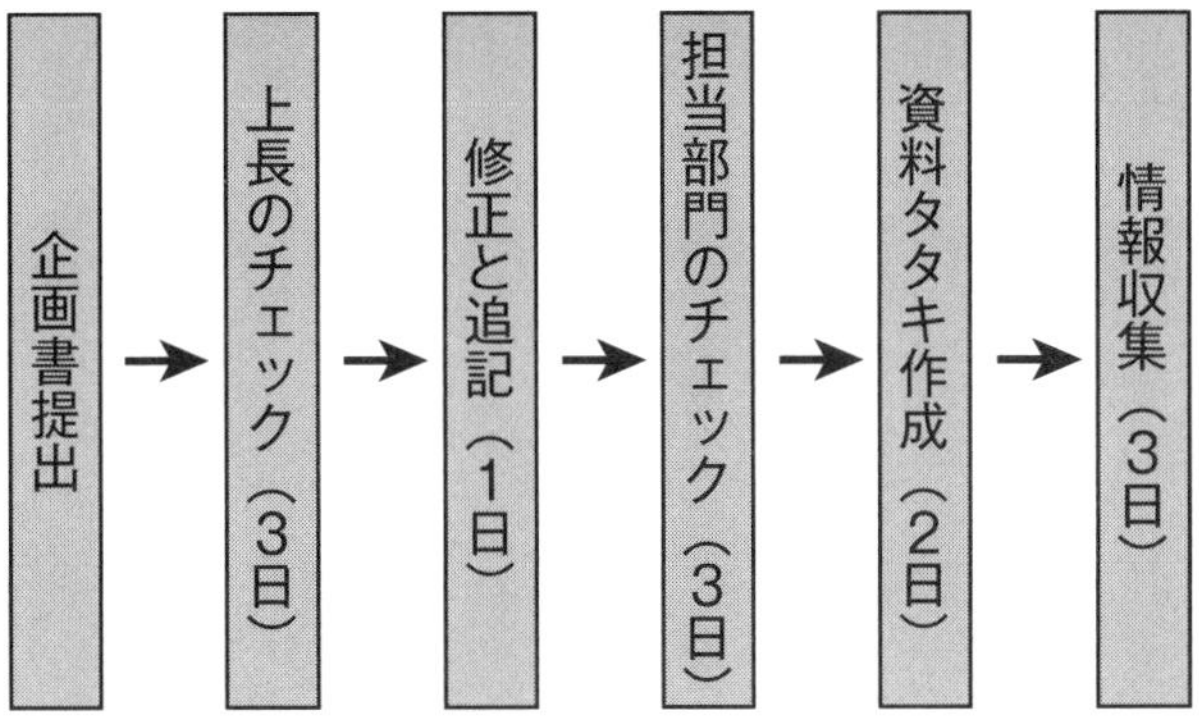

ことがわかります。

また、ひとつの仕事を細かく分割してデッドラインから逆算していくことで、他の人への依存も考慮しやすくなります。

仮に「企画書を提出する」という仕事のスケジュールを設定するとします（前ページ下図参照）。まずは、「企画書の提出」をゴールとして、そこからすべきことを洗い出します。また各作業の所要時間を見積もります。

ここで担当部門のチェックと上長のチェックの作業が自分ではコントロールできないため、作業期間の見積もりを3日間と少し長めにして、スケジュールを設定します。

すると、12営業日が必要になるため、最終締め切りから3週間ほど前にはじめる仕事だということがわかります。

ここまでわかれば1、2週間前からはじめようと漠然と思い、締め切り前にバタバタする、ということがなくなるのです。

point

デッドラインから逆算し優先順位を決める

3 「やってみよう」を引き出す「デッドライン」

デッドラインとは、必ず間に合わせなければいけない締め切りのことです。

私たちは「締め切り」や「期限」という言葉を聞くと、あまりいいイメージを持たないかもしれません。しかし、実際には仕事で成果を効率的に出すためには必要です。**デッドラインがあることで、「そのうちやろう」という悪い先延ばしを避けることができ、「はじめないといけないよ」という心理的な後押しもしてくれます。**

学生の頃、試験中にすべての問題を解かなければいけないと思うと、目の前のテストに集中しようという気になりましたよね。あの感覚です。デッドラインがあると、今まで以上に目の前の仕事に集中でき、仕事を早く終わらせることができます。

自分の中で本来のデッドラインより少し厳しめに時間を区切ると、仕事はうまくいくことが増えてきます。

前倒しを試みることとは、自分を苦しめるのではなく、「とりあえず、はじめてみる」を

促します。仕事の失敗やギリギリになることも減らすことができるのです。

締め切りまで余裕があるからと先延ばししていると、何か突発的な仕事やトラブルが起きたとき、それらに追いかけられる状況になり、精神的に疲れます。すると最初に依頼された余裕があったはずの仕事に対応できなくなることがあります。

一方で、**自分で決めたデッドラインであれば、自分からその仕事を追いかけている感じになり、気分的にラクになります。**むしろ、「限られた時間で、どうやろう」と前向きかつ仕事のできる人の考え方にもなります。


前倒しできればしめたものです。時間に余裕ができ、何か急ぎの案件が来ても落ち着いて対応できますし、残業を減らすこともできます。

さらに自分自身、期限より早くやれているという体験を通じて、自信にもなります。他人からの評価も上がるかもしれません。この成功体験を増やすことは、自分の中での習慣化につながります。より短い時間で成果を出す自分の仕事のスタイルが確立できるのです。

point
期限より早く終わるように試みる

4 「合格ライン」をハッキリさせる

もしあなたが運転免許証をとるなら、自動車教習所に2カ月間通うと決めて、その期間、合格するためにひたすら勉強したいと思いますか？　それよりは、できるだけ短い期間で試験に合格して、早く終わらせたいと思いませんか？

合格ラインを明確にするというのは、この考え方に関係しています。要するに、決まった期間をずっと努力するのではなく、合格するためには最低限、何を達成しなければならないのかを明確にし、短期間でそれを実現するのです。

限られた時間内で成果を出さなければいけない仕事において、求められている合格ラインを見極めることは重要です。スケジュールを立てるときに、この合格ライン、つまり完成基準が明確でないと、どこまでできたら、この仕事を完了できるのかがわかりません。

仕事によって、スピード重視なのか品質重視なのかは変わってきます。

例えば、新規事業のサービスであれば、スピードを求められます。安全に関わるサービスであれば時間をかけても品質を求められます。

どのような仕事でも合格ラインは設定できます。「努力の量」や「納得いくレベル」という主観的な基準だと合格ラインが曖昧になるので、誰でもわかるように数値化することが重要です。

数値化のポイントは3つです。

①「なぜ?」「何?」「いつ?」の3つの問いで具体化する

数値化できない理由のひとつは、目標や合格ラインが曖昧な状態で明確ではないからです。

次の3つの問いで、少しずつ具体化していくことが重要です。

・なぜ成し遂げたいのか? その理由は何ですか?
・獲得したい成果は何ですか?
・いつまでに成し遂げたいですか?

仮に「痩せたい」という目標があったとします。３つの質問をすることで合格ラインを明確にしていきます。

「なぜ？」：昨年着れていた冬用のスーツが着られなくなったから。
「何？」：そのスーツが着られる体型を手に入れる。
「いつ？」：１月の新年会までに着られるようになりたい。

これらをまとめると、「痩せたい」という曖昧な表現が、「今年の12月末までに、昨年着られていた冬用のスーツを着られるような体型に戻したい」のように具体化できます。

さらにスーツのサイズや体型、体重などの数字を入れることで、「今年の12月末までに、3キロ痩せて、昨年着ていた冬用のスーツを着られるようになる」のように、合格ラインをより明確にすることができます。

曖昧な表現を避けることも大事です。「上げる」「下げる」「いい」「悪い」などの表現ではなく、「実数はいくつなのか？」「何％なのか？」と問いながら具体的にしていきます。
たとえば「売上１００万円」「Ａ４で３ページ」「エラー率１％以下」のようにすれば、誰が見ても同じ解釈ができます。

②現状と合格ラインのギャップに目を向ける

目標や合格ライン同様に、現時点での状況や能力も具体的に把握する必要があります。つまり、現段階で、「何があって、何がないのか」「何ができていて、何ができていないのか」を把握します。この足りないところや、できてないところが合格までのギャップであり、課題です。

例えば、「データ登録をスピードアップさせたい」ではなく、「1時間に60件データ登録したい」という目標があったとします。しかし、現状は40件しか入れられないということが把握できれば、ギャップは20件だとわかります。すると、この20件増やす具体的な方法を考えていけるようになります。

要するに、ギャップを数字化することで、課題を解決するために必要な取り組みを整理し、具体化し、計画していくことができるようになるのです。

③目標の達成度を測るための要素に分解する

何をしたら最終目標が達成されるのかという切り口で、目標を成果やプロセスに小さく分解すると数値化できるようになります。

例えば、「品質向上を目指す」を目標にすると、目標自体を数値化するのは難しいです。しかし、品質に関わる成果やプロセスに分解することで数値化できるようになります。例えば、「故障によるクレーム件数を３カ月以内に半減させる」「修理に関する問い合わせ件数を１年以内に４割減らす」のように具体的にします。

このようにして求められている成果や現状、ギャップを数値化し、明確にすることで、何をすべきかがはっきりし、仕事は確実に進みます。

point

求められる成果を認識してからスケジュールを組む

5 難しそうな問題や仕事は、小分けにしてハードルを下げる

厄介なトラブルや問題を急遽対応することになったが、どこから手をつけていいかわからない。

プロジェクトや大きな仕事を任せられ、「がんばろう」と思う一方で、なかなかはじめることができない。実際に取りかかろうと思うと、なんとなく大変そうと感じ、面倒になったり、やりたくない気持ちになってしまう。

皆さんもこのような経験をしたことがあるのではないでしょうか？

難しそうな問題や仕事が大きすぎてよくわからないときは、小さく分けることがポイントです。**「これくらいならわかる」「これくらいであれば、できる」と思えるところまで、小さく分けるのです。**

例えば、「新製品発表セミナーを企画する」ではなく、「参加対象者を決める」「開催場所を決める」「集客方法を決める」など、仕事の流れや段階、やるべきことは何かを意識

すると分けやすくなります。

一言で行動が記載できるレベルまで落とすと、最初の一歩が踏み出しやすくなります。そして、各作業に具体的な成果目標とデッドラインを設けることが重要です。曖昧だったものを見える化することで、作業に取りかかるハードルを下げることができるのです。

また、締め切りに余裕がある場合は、日付だけではなく、**「あと何週間」「あと何日」のように残り時間を考えると、スケジュールを実感することができます。**

まずはひとつトライしてみてください。最初の一歩を踏み出すことが大切です。

実際にはじめることで、何をやるべきなのか、他の人からの支援が必要なのかなどがわかってきます。自分から積極的に動くことで、締め切り寸前でバタバタ慌てるのではなく、事前に対策を講じることができるのです。

point

「これくらいならできる」まで、小さく分ける

6 スキルが低くても、「作業の見積もり」がうまいと評価される！

あなたは上司や先輩から「その仕事、どれくらいで終わりそう？」と聞かれたときに、早めの時間を言ってしまうことはありませんか？　さらに、その時間までに終わらず、相手を待たせてしまったことはありませんか？

見積もりはシンプルな作業です。しかし、見積もりが甘いと締め切りに追われ、不安になります。周りの人を待たせ、関連する仕事の遅延を引き起こすこともあります。**見積もりを失敗すると、周りからの評価は落ち、信用を失います。**

ですから、仕事を確実に終わらせることができる少し余裕のある見積もりを作ることが大事です。

見積もりが甘い多くの人は、「うまくいったら、これくらいで終わるかな？」という期待をもとに作業期間を考えます。人から良く思われたいという意識も強く、相手の期待に応えたいという思いから、短めの時間を答えがちです。

しかし、作業見積もりのズレは全体の流れに影響します。このため、希望的観測をやめて、確実に仕事を完了できるのはいつかを考えることが重要です。作業を終わらせるのに必要な時間を考えるだけではなく、同じ時期にやらなければいけない仕事の量や土日祝日などの予定も考慮する必要があります。

見積もりする際は、余裕を持たせることも大事です。特にはじめての仕事や、不確定要素が多いプロジェクトの初期段階では、最初に見積もった作業期間の１・５倍や２倍にするなど多めに持つことも有効な手段です。

見積もりの精度を改善することで、仕事の失敗や不安を減らすことができます。周囲からの評価も上がり、信頼獲得にもつながります。よりいい見積もりを作り、仕事をスムーズに進めていきましょう。

point

希望や願望を排除し、少し余裕を持った見積もりをする

7 あなたと上司の見積もり基準は違う

よりいい見積もりを作ろうとしても、仕事の依頼者である上司が考える見積もりと、あなたの見積もりが違うことはよくあります。「まだ、やってるの？」「どうして、そんなに時間がかかるの？」と言われることもあります。

そこで、依頼者とのギャップが起きて問題になる前に対策をとることが大切です。

▼依頼者とのギャップをなくす方法

①先輩や同僚に相談する

あなたよりもその仕事をする上での知識や経験、あるいは技術的なスキルや能力を持っている先輩や同僚に相談します。まずは、やるべきことをできるだけ細かく洗い出し、作業の漏れがないかを確認します。次にあなたが見積もった各作業にかかる所要時間と、先輩や同僚が考える作業時間との違いを特定します。

②ギャップの原因特定から改善策を検討する

なぜ見積もりに差異が出てくるのか？　その原因を具体的にしていきます。

仮に、その作業をするために必要な専門的知識を持っておらず、やり方を調べるのに多くの時間を費やすのなら、上司と相談して効率的にその知識を学ぶ計画を立てます。

また、エクセル、ワードなど仕事の基本となるソフトウェアの使い方によって作業効率に差があるのであれば、本やネットで自習、あるいは講習に参加することで効率的な使用方法を学びましょう。さらに、ＡＩツールを活用して、使い方のヒントや応用事例を尋ねることもできるため、多様な方法で作業効率を改善していきます。

③依頼者とスケジュールをすり合わせる

依頼者には、具体的に見積もった作業期間だけではなく、例えば、専門知識がない、仕様や要件が曖昧であり成果物がわからないなどの課題や、その対策を正確に伝えることが大事です。お互いに現状をしっかりと認識し、協力して見積もりを修正し、作りあげていかなくてはなりません。

point

依頼者やできる人と自分の考えている進め方を比較し違いを認識する

8 「仕事の成果の価値」＝「作業の質」÷「時間」

仕事や計画に完璧はありません。多くの人がその事実を知っています。でも、ついつい私たちは、「もう少しいいものを」と思ってしまいます。言葉では「少し」だとしても、**私たちは自分自身が納得いくまで、よりいいものを目指してしまいます。「完璧」を求めがち**です。それが自分の思い込みであることを知っていてもです。

するど、どうしても時間が足りなくなります。締め切りギリギリに無茶な働き方をしたり、締め切りを延ばそうとします。自分で自分の首を絞めてしまうのです。

そんなときは、**完成度7割を目指しましょう。**

完成度を下げるとなると、頭ではわかっていても、手を抜くイメージが先行し、否定しがちです。理由をつけて、自分のやり方を変えられない、そんな人は多いのではないでしょうか？

そこで、仕事の成果の価値を「作業の質÷時間」で考えるのです。

つまり、優先度を「作業の質」ではなく、「スピード」に置くのです。**求められているものをなるべく早く、最低限のカタチにして依頼者に見せ、依頼者に完成とするのか、あるいは改善するのかを判断してもらうのです。**そうすることで、自分の思い込みや変な感情に足を引っ張られることはなくなります。さらに改善する場合でも、完了するために何が必要かを明確化しやすくなり、手戻りが減り、時間短縮が可能です。

また、シンプルに**当初の7割の所要時間で終わらせることを目標に仕事を進める**のも有効な手段です。つまり、完璧な理想像を目指すのではなく、期限内に完成させ、提出することが最重要だと心がけることが大切です。

最初の段階で計画や考えることに時間をかけたとしても、状況が変化し、当初の計画がムダになることもあります。

まずは、はじめてみることです。実際に着手することで本当の状況や難しさがわかってきます。そして必要に応じて、修正していけばいいのです。

point

仕事の優先度を質ではなく、スピードに置く

9 期限を守る人は会議も時間通りに終わる

なぜ多くの人がミーティングの内容について不満を言うのに、開始時間の遅れやミーティングの延長には寛容なのでしょうか？

仕事をきちんと終わらせることができる人は、仕事を完了させる条件や基準をしっかりと設けています。ミーティングや会議についても同様です。

ミーティングの前に目的やゴールは何かを決めること、つまりミーティングの終了条件を明確にすることが重要です。目的を達成すれば、終了時間よりも前に終わらせることができます。**ミーティングの目的は、誰が、いつまでに、何をするかを決めることです。**ミーティングを有効に活用し、短時間で成果を出すことに集中しましょう。

次ページのチェックリストを使って、あなたはミーティング時間を減らすために、本当にやるべきことをやっているかを確認してみてください。

□ミーティングの目的は明確で、参加者と共有できていますか
□「進捗確認」「企画会議」など曖昧なものではなく、具体的な目的になっていますか
□ミーティングの前にアジェンダ（議題）やゴール、関係資料を配付していますか
□何について意見やアイデアを用意してもらうのかを事前に伝えていますか
□話し合うためのたたき台をしっかり準備していますか
□課題や状況を整理し、解決策のアイデアや提案、かかる費用などを準備していますか
□開始時間と終了時間を宣言していますか
□ミーティングの時間や長さに神経質になっていますか
□議題ごとに時間配分を確認していますか
□タイマーを使ったり、時計を使って時間を頻繁に確認していますか
□ミーティングに必要な人だけ参加していますか
□参加理由を説明できますか

point

ミーティングの終了条件を決める

第４章まとめ

・デッドラインに間に合わないということは、約束を破ることと同じ
・デッドラインから逆算して、取りかかる作業を決める
・デッドラインがあるから仕事になる
・誰でもわかる完成基準を作る
・どこから手をつけていいか迷ったら、わかるレベルまで小さくわける
・仕事の所要時間を求められたら、経験者から学び成長できるチャンス
・求められている基準とあなたのこだわりは違う
・期限内に完成させることが最重要
・ミーティングを早く終わらせたければ、全力で終了条件を満たしにいく

チェックしましょう！

チェックがついたら、本章を読み返しましょう

- □「少しぐらい遅れてもいいや」と思っている
- □できないのに、何でも「はい」と言ってる
- □期限を設けずに仕事をしている
- □後回しにしていた仕事に対応できなくなっている
- □「この時間までに絶対終わらせる」というコミットをしていない
- □最短で終わる方法を考えずに仕事をしている
- □「何をしていいかわからない」と、よく思考停止してしまう
- □締め切りまでの日数を意識して、仕事をしていない
- □仕事の完了基準が不明確
- □自分の理想像にこだわりすぎている
- □時計を見ずにミーティングしている
- □ミーティング終了後の状態をイメージできない

第５章

振り回されない「コントロール術」

1 「自分の時間」を他人から取り戻す

自分でコントロールできない時間を減らすことは重要です。

一番ムダな時間は待ち時間です。これは他の人と同じ時間帯やタイミングで同じ行動をとるから発生します。昼食、トイレ、食後の歯磨き、会議室の予約、コピーや印刷機の使用などがあてはまります。

有効な解決策のひとつは、時間差で行動すること。

昼食はピークのランチタイムを外し、11時半以前や、13時半以降にズラせば、行列に並ぶ時間がなくなります。

出勤時にエレベーターで待つなら、朝少しだけ早く出社する。

他にも会議室の予約時間を朝一番や正午にズラせば、スムーズに部屋を押さえることができます。

このように**人と違う時間帯に動く**ことは、振り回されないコントロール術の基本です。

さらに、オンラインカレンダーや予約システムを活用することで、他の人とリアルタイムでスケジュールを共有できるため、こうした時間差行動の計画がより効率的に行えます。

また、人と仕事をしていると、必ず約束の時間に遅れる人がいます。

この待ち時間もムダです。待たされイライラすれば、精神的にも良くありません。

そのため、**普段からこのような待ち時間を効率的に活用できることを準備しておくと時間を有効に使えます。**例えば、メールやスケジュールの確認、業界ニュースのチェックなどです。

逆に自分が約束の時間に遅れると、相手の時間を奪い、信用も失うことにもなります。

相手の時間を尊重して、時間の奪い合いをしないように行動することが大切です。

point

人と違う行動をして時間を生み出す

2 助け合うと自分の時間も増える

苦手な仕事や嫌な仕事はなかなか終わらないので、このような仕事は、周りの協力を得て効率良く終わらせることが重要です。

人には、それぞれ得意・不得意な分野があります。**あなたの苦手なことが得意な人もいますので、お互いの強みを活かして、支援し合うことが大切です。**

まずは遠慮せずにお願いしてみることです。自分一人で抱え込み、苦戦しながら終わらせるよりも、ずっと早く終わらせることができます。

この割り切りができないと、いつまで経っても次の仕事に取りかかれなくなります。

周りの人から適切な協力を得るには、普段から「ヒト」のいいところを見ることが大切です。

多くの人は他人の失敗やミスなどマイナス面を見ます。しかし、お互いの弱い所を補うためには、あの人は何が得意なのか、何が好きなのかというプラス目線で見ます。どういう分野ならば支援し合えるのかを考えることが大事です。

また、お願いしやすい関係を作るには、逆説的ですが、与え続けることが重要です。日頃から「何かできることがあれば言ってくださいね」と伝え、自分ができる範囲で積極的に支援する姿勢が大事です。また見返りを求めないことです。するといざというときに、相手は「しょうがないな」と思い、助けてくれることが増えます。

ただし、ここで過剰な期待をしてはいけません。「以前、支援したから、今回は助けてくれるはずだ」と当然のように思っていても、何らかの事情で支援できないこともあるのですから。

point

普段から見返りを求めずに支援する姿勢が大事

3 「イエス／ノー」の判断理由を持つとブレない

あなたは、目の前の人に何かを頼まれたら、断れますか？

多くの人は「自分ができることはやってあげたい」と思うものです。いい人だと思われたいという承認欲求もあるかもしれませんが、基本的には協力したいという思いが強く、「はい」と言いがちです。

しかし、「1日で使える時間は限られている」という事実を忘れてはいけません。もし、どんなことに対しても「はい」と答えてしまうと、やるべきことが多くなり、締め切りという約束を守れなくなることもあります。

つまり、**目の前の人に「はい」と言うことは、他の人に対して「ごめんなさい」と断っているのと同じ**です。

新たな時間を作り出さないかぎり、やれることは限られます。やみくもに、やることを増やすと、本来やるべきこともできなくなります。会社や上司から見れば、「あなたは、やるべきことをやっていない」ということになります。自分の仕事量と能力を把握できていないと判断されます。

頼まれたことを断るのは、誰にとっても簡単ではありません。そこで、**「イエス／ノー」を判断する前に、「なぜイエスなのか」「なぜノーなのか」の根拠や理由をそれぞれ考えてみてください。**

「それ、本当？」と自問を繰り返すことで、今まで以上に論理的に判断理由を説明できるようになります。つまり、自分の判断や行動に「ブレ」がなくなります。

また、**断る際は、時間を新たに確保できそうであれば、「今はトラブル対応中で難しいですが、午後４時以降なら大丈夫です」のように逆提案することも大切**です。みんな、それぞれ仕事を抱えています。能力や強み弱みも違います。支援し合いながら、うまく進めていくことが大切です。

point

できることにだけ「イエス」と答える

4 悩まない！　考えるなら「時間を決めて」

あなたは一人で、ずっと悩んでいませんか？　何か気になり、心配し、ああでもないこうでもないと悶々としているうちに、あっという間に時間が経っている。そんな経験はありませんか？

「悩む」という行為は、問題を解決するのではなく、「〜したい願望」や「不安」や「心配」を増長し、問題を複雑にします。

例えば、来月初めてセミナーで話すことになったとしましょう。

悩んでしまう人は、「うまく話したい。でも失敗したらどうしよう」「難しい質問をされないかな」「緊張して言うことを忘れたらどうしよう」「万が一、プレゼン中にパソコンが壊れたらどうしよう」など、いろいろな不安が頭をよぎります。悩めば悩むほど、不安や心配は膨らみ、頭の中がパニックになってしまい、「ダメかもしれない」と自己嫌悪に陥ってしまうこともあります。

これでは、時間と労力だけを消耗させます。私たちにとって、避けたい行為です。

一方で、**「考える」という行為は、問題を解決します。**「わからない」や「したい」で終わらず、複雑になっている事柄をシンプルにし、具体的な行動につなげていきます。とは言え、考えても、いいアイデアが出てこなかったり、考えがまとまらなかったり、頭が整理できないことはあります。

そんなときは、まず**考える時間を決める**ことです。例えば、10分と時間を決めて、自分で集中して考えてみるのです。

もしその時間内に答えが見つからなければ、周囲の人に相談するほか、生成ＡＩに聞いてみるのもおすすめです。生成ＡＩは、客観的な視点から新たなアイデアや解決策を提示してくれることがあり、思考の行き詰まりを打破する手助けとなるでしょう。

point

問題解決のために、「悩む」のではなく「考える」

5 上司をうまく使う

あなたは上司に対してストレスを溜めていませんか？

上司は何をしているかわからない、自分たちのために何もしてくれない、自分が正当に評価されていないなどの負の感情を持っている人も多いでしょう。

しかし、仕事で成果を出している人は上司を上手に使っています。

それは、「イエスマン」になるということではありません。仕事がデキる人はアドバイスの求め方や相談の仕方がうまいのです。必要に応じて、経験豊富な上司を巻き込み、どんどん課題を解決し、仕事を進めていきます。

つまり、**上司をうまく使うことで、仕事のスピードを上げ、短時間で成果を出しています。**

また、上司とうまく仕事を進める中で、多くノウハウや考え方を学んでいるのです。

上司の役割や機能を考えてみると、ゴーサインをくれる（例：承認してくれる）、アドバイスをくれる（例：ノウハウや考え方が学べる）、できない仕事をしてくれる（例：トラブルやクレーム対応を支援してくれる）など、多岐に渡ります。これらの機能を活用しないのはもったいないです。

そこでおすすめなのが、**一対一で話し合えるミーティングの定例化とチャットでのやりとり**です。定例ミーティングをすれば、オンラインオフライン問わず、お互いを知るキッカケになり、信頼関係も良くなります。またチャットでのやりとりも増えれば、適宜、進捗を共有したり、抱えている課題やトラブルを早い段階で相談できます。すると、必要なタイミングでアドバイスがもらいやすくなり、状況が悪くなる前に対策もできます。

さらに意思決定やレスポンスのスピードも上がり、短時間で成果を出せるようになります。つまり、上司との定例ミーティングは仕事のスピードを加速させるのです。

また、事前に方向性を確認できれば、ある程度任せてもらえ、仕事の自由度は大きくなります。

point

定例ミーティングで上司をうまく使う機会を増やす

6 予定はできるだけ共有するほうが話が早い

仕事のスケジュールを考えるとき、考えておかなければならないのは、支援してくれる人のスケジュールを確認しておくことです。多くの仕事は一人で完結しません。いろいろな人と協力して、仕事を仕上げていくものです。

例えば、上司や先輩に相談しようとしても、打ち合わせや客先訪問で外出する直前に声をかけてしまえば、タイミングが悪く、思うように相談にのってもらえません。その場合、帰社するまで待つか、他に相談にのってもらえそうな人を探さなければならないので、非常に効率が悪いです。

相談や確認をお願いしたい人のスケジュールを把握することは、自分の仕事をスムーズに進めるために重要です。適切なタイミングで適切な行動をとることで、迅速に意思決定ができ、全体のスピードが上がります。

しかし、打ち合わせやミーティングなど、他のメンバーとのスケジュール調整は非常に面倒です。必要以上に時間と労力がかかります。

そこで各メンバーの空き時間を共有しておくと、スケジューリングがスムーズに行えます。わざわざ個々に確認しなくても、各メンバーのスケジュールを加味して、ミーティングや予定を一気に決められれば、効率が良くなります。

これらを簡単に実現できるのは、３章でも述べましたが、グーグルやアウトルックなどのデジタルカレンダーの活用です。

いつでもどこでも関係者の予定を簡単に把握できるので、空き時間を探し、ミーティングや相談など予定を効率良く押さえることができます。結果として、仕事のスピードが上がり、時間短縮を実現します。

point

支援してくれる人のスケジュールを確認する

7 議事録を作るのに余計な時間をかけない

あなたは、ミーティングの議事録を作るのに1時間以上かけたことはありますか？

マジメな人ほど、ミーティングで話し合った内容をキチンと記録し、共有しようと必要以上に時間をかけてしまいます。

もし1時間のミーティングを録音して議事録を書き起こしているなら、あっという間に2、3時間かかってしまいます。なぜ議事録を作るのに、そんなに時間がかかってしまうのでしょうか？　根本的な原因は、そのミーティングについて理解していないからです。

▼議事録を作るのが難しいと感じる主な理由

・なぜこのミーティングをするのかわからない
・何が本当に大事なことなのかわからない
・専門用語や言っていることがよくわからない
・誰が何をやるべきかがよくわからない

・どのようにまとめ、書いたらいいのかわからない

そこで、ミーティングの前に参加する理由や目的、何を話し合うかを事前に確認することが重要です。**ミーティングの背景や話し合う内容を事前に把握することで、議事録を書く際の「わからない」が減ります。**

また、議事録の形式や書式を決めておくことで、議事録を作る時間を減らすことができます。例えば、ミーティングの前に話す予定の議題をもとに議事録のベースを作っておけば、決定事項や行動計画を記入するだけですみます。

さらにミーティングが終わる前に、決定事項や誰が何をいつまでにするのかを確認することで、ミーティング後に、内容を再確認するというムダが減ります。また、生成ＡＩを活用すれば、録音データから要点を自動抽出でき、議事録作成の時間削減につながります。

ミーティング後は、できるだけ早く議事録をメールし、関係者と共有することで、効率的かつ迅速に情報共有できます。

point

議事録はミーティングの前に準備しておく

8 最悪なのはイライラし、仕事を投げ出すこと

あなたは、上司や同僚、取引先などに腹が立ったことはありませんか？　また仕事やプライベートにかかわらず、ストレスや疲れによってイライラして、目の前の仕事に集中できないことってありませんか？

もし「イライラして集中できないな」と思ったら、まずはイライラの原因を特定することが大切です。自分の状況を冷静に見ることで、イライラに対処できます。

お腹が空いた、暑いなど解決が簡単なものが原因であれば、すぐに対応できます。しかし、他人の言動や行動によってもたらされた怒りや、自分が納得できない、あるいはコントロールできないことに対するイライラは、簡単に取り除くことはできません。

仮に、締め切りが今日中の仕事の進捗を、朝一番に上司に聞かれたとします。ひょっとしたら、あなたは「急かされているのか？　信用されていないのか？」とイラっとしたり、

不安になったりするかもしれません。そんなときに、締め切りについて聞かれたことやそのときの感情を書き出すことで、客観的にその状況や原因を見つめ、考えやすくなります。

例えば、上司は「単純に進捗を聞きたかった」、あるいは「何かサポートできることはないかを確認したかった」だけとか、または「別の優先度の高い仕事を依頼したかったかも」など、別の可能性を考えられ、心を落ち着かせやすくなります。

また、大事なことは書き出した出来事をあなたの力でコントロールできるのか、できないのかを明確にすることです。**自分で解決できそうなものや解決策を見つけられそうなものは紙に書き留め、今日やるべきことと比較します。そして、重要度や緊急度などを踏まえ、優先度の高いものから行動していくようにします。**

一方で解決策が見つからないものや自分ではどうしようもないものに関しては、一旦、「解決できない」という現状を受け入れるのです。そして、他の人に相談する、あるいは忘れるという結論を出すのです。

そうすることで、感情にあまり引っ張られず、今やるべきことに集中できるようになります。

イライラや怒りに任せた行動や言動を防ぐ代表的なテクニックとして、**「6秒思考停止」**と言われる方法があります。これは、怒りを感じたときに、頭の中を真っ白にして、6秒間何も考えないようにする方法です。

また、ゆっくりと深呼吸し、別のことに集中して怒りの意識を遅らせる方法もあります。

このように、**イライラしている自分を認め、感情のコントロールを意識しながら、目の前にある仕事をたんたんとこなしていこうとすることが重要です。**

その際は、完璧を目指すのではなく、「やらないより、やったほうがいい」という気持ちで仕事に取りかかることが大切です。

point

イライラして集中できない自分を認める

第５章まとめ

・人と違う時間帯に動き、自分でコントロールできない時間帯を減らす
・お互いの強みを活かして支援し合う
・合理的に説明できる判断基準を設ける
・考える時間を決めて、問題解決に臨む
・上司を使い、うまく仕事を進める。そして多くを学ぶ
・相談や確認をお願いしたい人のスケジュールを把握する
・チーム間の共通認識を持たせるのに有効な議事録を、効率良く作ることに力を入れる
・「イライラして集中できない」と思ったら、イライラの原因を特定する

チェックしましょう！

チェックがついたら、本章を読み返しましょう

- □人と同じことを同じ時間にしている
- □待ち時間を有効活用できない
- □一人で抱え込んでしまう
- □周りと協力し合えていない
- □できないことにも「はい」と答えてしまう
- □判断理由を合理的に説明できない
- □判断に時間をかけすぎている
- □上司を避けている
- □方向性を確認せずに進めている
- □スケジュール調整で時間をムダにしている
- □悪いタイミングで人にお願いしている
- □議事録は会議が終わってから作りはじめる
- □今やるべき仕事がイライラした感情によって進められない
- □怒りの感情で疲れている

第6章

探す時間を減らす「タスク置き場」の作り方

1 自分の「タスク置き場」を洗い出そう

タスク置き場とは、やらなければいけない仕事関連の資料や情報が保管・管理されているところです。**タスク置き場の数が多いと、探しものの回数が増えます。**すると頭を切り替える回数も増えるので、時間もかかり、効率が悪くなります。**未完了作業があちこちにあれば、ミスやモレも起きます。**

下の表を参考に、あなたのタ

▼デジタルデータの保存場所

タスク置き場	数
・メールの INBOX（各アカウント）	
・ToDo リスト（メール、メモ帳、エクセルなど）	
・スケジュール（Outlook、Google など）	
・業務専用ソフト（ＣＲＭ、会計ソフトなど）	
・コンピュータのデスクトップ	
・コンピュータ以外の端末（スマホなど）	
・その他、アプリやソフトウェア	

▼その他の保管場所

タスク置き場	数
・アタマの中	
・他の人（同僚など）	
・机の周り（引き出し、机の上など）	
・棚（近くの棚、別の場所にある棚）	
・倉庫	
・ToDo リスト（ノート、手帳など）	
・カレンダー	
・ノート類	
・カバン	
・ポストイット	
・メモ用紙	
・その他、箱やＢＯＸ	

スク置き場の数を数えてみましょう。

それぞれのタスク置き場は、さらに細分化されています。それらを別々のものとカウントします。例えば、メールのタスク置き場に、「個人」と「グループ」と2つアカウントがあれば、タスク置き場の数は2つとして数えます。

いくつありましたか？

タスク置き場の数が10、20の人もいれば、30以上の人もいると思います。もし、50を超えるようであれば深刻な状況です。

逆に考えれば、タスク置き場の数が多い人は、大きく改善できるチャンスです。

情報や資料を同じところにまとめて管理し、タスク置き場の数を減らしていくことが重要です。

point

タスク置き場の数を減らすと効率が上がる

②「タスク置き場」の数が減れば管理がラクになる

タスク置き場の数が一桁になるように減らしていきましょう。ポイントは同じところに資料や情報を集め、まとめることです。さらに業務の種類で整理すると効果的です。おすすめのタスク置き場をいくつか紹介します。これを参考に自分流にカスタマイズして、タスク置き場の数を減らしましょう。

1. 大きめの箱やボックス（ファイルボックス、書類ケース）

Ａ４サイズの資料やクリアファイルが簡単に入る十分なサイズの箱やボックスです。この箱の中に、書類だけではなくメモや裏紙、領収書など、処理すべきものをすべて入れます。小さく紛失する不安があるものはクリアファイルに入れて、それをこの箱に入れます。

書類は立てて置いてあると識別しやすく、取りやすいです。

2. 持ち運びできるボックス（ファイルボックスやファイルケース）

書類やクリアファイルが入れやすく、まとめて持ち運びできるボックスです。カバンのポケット、財布、名刺入れなど、いろいろなところにあるものすべてを、このボックスにまとめて整理します。

3. メール

仕事をする上では最も便利なタスク置き場かもしれません。メールは情報伝達手段のみならず、情報保存手段としても必要不可欠なコミュニケーションツールです。

複数のアカウントを使用している場合は、できるだけひとつにまとめます。別のソフトウェアを立ち上げたり、違うウェブサイトへログインしたりする手間を

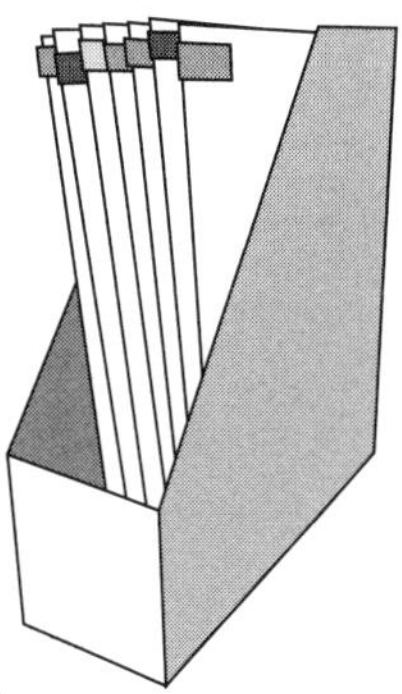

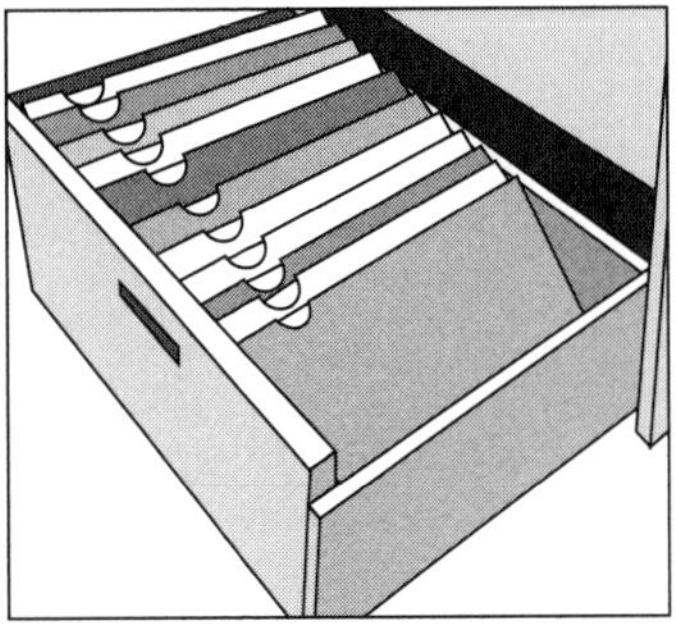

減らします。

メモやアイデア、写真などあらゆるものを自分にメールし、情報を一元化していくことで、他のタスク置き場を減らすことができます。

4. チャットツール

会社によっては使用が制限されている場合もありますが、リアルタイムにコミュニケーションがとれ、情報やファイル共有が簡単なチャットツールは、メールと同様に必要不可欠なツールです。ライン、メッセンジャーもしくは、フェイスブック・メッセンジャーなどを使う人は多いですが、複数のチャットツールを使用している場合は、使用するツールをできるだけ絞ります。また、Slack やチャットワーク、Microsoft Teams などのビジネス用途のチャットツールを使うのも有効です。

重要なやりとりはコピーやスクリーンショットをして、自分にメールをしておくといいでしょう。

5. クラウド（オンライン）ストレージ

インターネット上にファイル保存・共有できるストレージです。こちらも会社によっては使用が制限されている場合があります。

代表的なサービスとしては、Google ドライブ、OneDrive などがあります。

ノートを整理し情報を蓄積するツールとして、Evernote や Notion があります。どこからもアクセスでき、ファイル共有や共同作業が容易です。

例えば、容量の大きなファイル共有がラクになり、メールに添付されたファイルのどれが最新なのか迷う必要もありません。データはバックアップされ、履歴管理により過去のデータも参照できます。

タスク置き場を減らしていく中で、捨てていいのかわからない書類やデータは必ずあります。すぐに捨てられない場合は、保持期間を決めて一時的に保管し、保持期間が過ぎたら破棄するようにします。破棄することに不安な場合は、スキャンや写真を撮って、デジタルデータとして残しておくのも手です。

point

メールやチャットを活用し、タスク置き場を減らす

3 メモも同じところに集める

メモは仕事に欠かせませんが、付箋やノートなど、あちこちでメモしていると、いざ必要な情報を探すときに、「あれ、どこに書いたっけ？」「見つからない」となってしまい、時間を浪費してしまいます。これを防ぐポイントは、**メモをできるだけ一か所にまとめて管理する**ことが重要です。

手帳や紙のノートを好む方であれば、書いた内容を破りとり、ファイルボックスにまとめて保管するのも手ですが、できれば、**メモはスマホで写真を撮り、自分にメールやメッセージを送っておく**と便利です。この際、本文にキーワードを入れておくと後から検索が簡単になり、紙を保管する手間も大幅に減らせます。OCR（文字認識）機能を使えば、手書きのメモの全文が検索できるため、後から情報を引き出しやすいです。

さらに効率を上げるには、**はじめからクラウドのメモや情報を管理できるサービスを活**

用することです。クラウドでひとまとめにしておけば、どこからでも簡単にアクセスでき、検索や他の人との共有もスムーズです。

ＡＩ技術の進歩によって、写真や文字データから内容を自動で認識し、欲しい情報を簡単に得られるようになりました。生成ＡＩを搭載したサービスを利用することで、過去のメモを探しやすくなり、さらに効率的な情報管理が可能になります。昔のノートをめくって探す労力が大幅に減ります。

結局のところ、「メモをいろんな所に置かない」ことがポイントです。もし紙をまったく使わないのが難しくても、それをデジタル化を習慣にするだけで、探し物の心配が減り、仕事の切り替え回数も少なくなります。ぜひメモの集約を進めて、今ある情報をより効率的かつ柔軟に活用してみてください。

point

メモをいろんな所に置かない

4 ボックスやケースの中も「デッドライン」で管理する

書類や文書をまとめたクリアファイルや領収書を入れた封筒などには、提出日や締め切りのデッドラインを書き込みます。その日付順に整理収納します。

さらに、**仕事の緊急度ごとにクリアファイルの色を変えておく**と効果的です。

例えば、急ぎなら「赤」、1カ月以内に終わらせる必要があるなら「黄色」、便利な情報なら「緑」、それ以外は「透明無色」みたいに自分なりにルールを作ります。

ただし、緊急度が変われればクリアファイルの色を変える必要が出てきます。そのため、例えば、「今日中」を赤、「今週中」をオレンジ、「来週」を黄色、「1カ月以内」

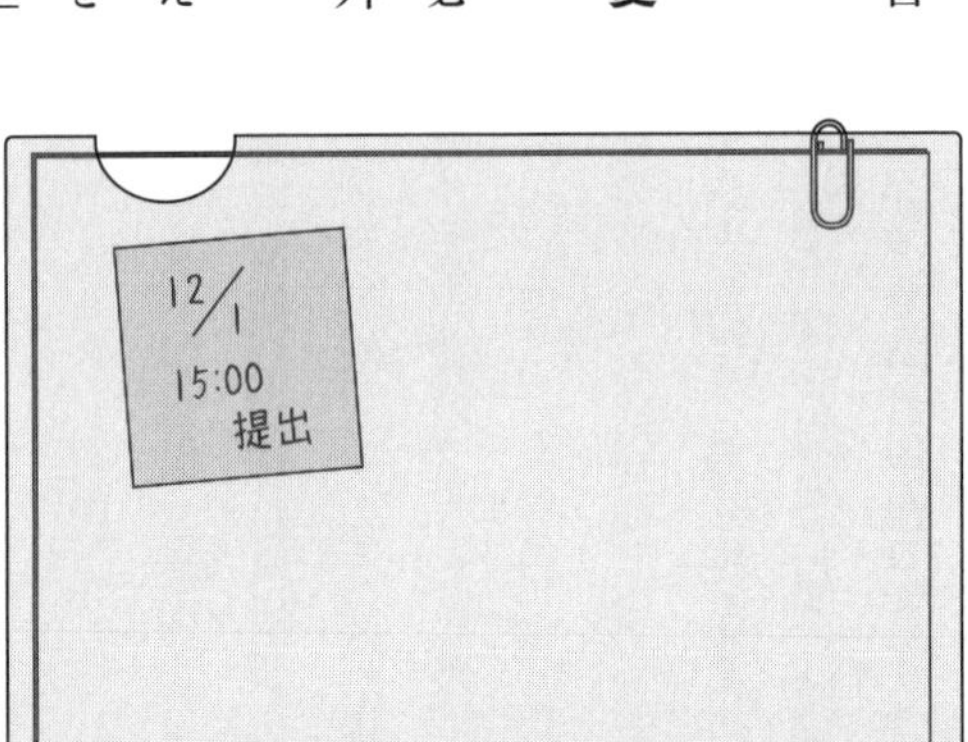

を青色のように、分類しすぎるとファイルの色替え作業が大変になり、手間もかかります。できるだけシンプルな分類で管理することが大切です。この色分けにより仕事の緊急度がひと目でわかるため、わざわざ書類やメモの中身を読んで内容確認し、今やる必要があるかを判断しなくてすみます。書類の二度見も減らせるため、仕事の効率を上げます。

最後に、チームで仕事をする人は、他の人にお願いしたことを「依頼中」として別管理することも大事です。理由は、自分の担当部分が終わったとしても、依頼したものが終わらなければ、その仕事は完了しないからです。つまり、相手の進捗を確認する必要があるタスクです。相手にリマインダーを送るタスクとして、他の作業と同様にクリアファイルで管理すると見落としが減り、効率良く進められます。

他の人の締切を暗記する暇はありません。必要に応じて、**デジタルカレンダーやタスク管理ツールで、相手へ催促やフォローを行うタスクの通知を自分宛に設定しておく**と、より確実にリマインドできて便利です。

point

カラー表示で仕事の緊急度が一目でわかる

5 メールは整理するのではなく「検索」からはじめる

メールを探すことに時間をかけていませんか？

今の時代、**メールは「フォルダ分け」よりも「検索」で一瞬で見つけるのが基本**です。

整理整頓が苦手な人でも、検索機能を使えば昔のメールや添付資料をほんの数秒で見つけることができます。まずはメール検索の基本を押さえ、「探す」という付加価値を生まない、ムダな時間を減らすことが重要です。

タスク置き場のひとつであるメールを効率良く管理するには、どの言葉や条件を使って検索するかが重要です。検索フィールドに入力するポイントは大きく3つあります。

① 検索ワード数

「検索は3語から」を意識して検索するだけで、ヒット率とスピードはぐんと上がります。

検索ワードの3語には、次で紹介する「差出人」や「添付ファイルの有無」を含めても構いません。

②「差出人」

仕事は常に「人」とのやりとりです。差出人や宛先を軸に検索すれば、必要なメールが素早く見つかります。

③「添付ファイルの有無」

添付ファイルの形式（pdf、ppt等）がわかっていれば、それも追加キーワードとして入力すると、さらに効率的に検索できます。

なお、近年はＡＩによる自然文検索も登場していますが、ＡＩ検索でも使える考え方になりますので、ぜひ身につけてください。

point

整理整頓が苦手な人でもメールは数秒で探せる

6 メールも「作業仕分け」で効率化

受信ボックスに不要なメールがあふれていると、大切な連絡を見落としやすくなります。対処すべきメールに焦点を当てられるように、受信メールを仕分けていきます。

① どのメールを優先して読むべきか?(何をすべきか?)

受信ボックスには優先度の高いメールと不要なメールが混在しています。重要なメールを見逃さないため、まずは不要なメールや優先度の低いメールを受信ボックスから省くことが大切です。そうすることで、手作業で未読メールをまとめて既読に変更するといった不必要な手間を省くことができます。

1　不要なメール

読んでいないメルマガは配信停止設定をして削除します。広告やお知らせのメールは、例えば、「件名に〝号外〟を含むメルマガはゴミ箱に移動させる」というルールで受信ボックスに届かないように設定します。

２　読み物メール

情報収集や勉強用のメルマガは、メルマガ専用フォルダを作り、そこに振り分けます。例えば、「差出人が［メルマガ配信企業］ならメルマガ専用フォルダに移動する」というルールを作り、メルマガを振り分け、あとからまとめて読むと効率がいいです。

３　通知メール

システムから自動で送られる、返信の必要がない、参考通知メールであれば、通知専用フォルダを作り、そこに振り分けるようにします。

上記３つの振り分け後、受信ボックスに残ったメールが優先して対処すべきメールです。さらにその中でも重要な案件や人からのメールを優先して対処したい場合は、仕分けルールを追加し、そのメールだけ優先して読むことも可能です。

② いつはじめて、いつまでに終わらせるべきか？

メールは「見たらスグに返す（即レス）」が鉄則です。

メールの即レスで「メールの2度読み」をなくせます。メールの2度読みは、時間だけでなく、判断も2度になり労力を要します。時間管理上は絶対に避けたいムダです。

また、割り込み作業により、あとからメールを返信できなくなったり、返信を忘れるリスクもなくなります。即レスにより相手からの信頼も高まり、物事が早く進みます。

メールを確認するタイミングや頻度については、職種や業務内容によって変わってきます。一般的には、朝、昼、夕方の1日3回、メールチェックの時間を確保して、集中してまとめて返信するのが効率がいいです。ただメール処理に慣れ、2度読みが減り、書く時間や分量も減らせるのであれば、1時間に数回メールチェックをしても問題ないと思います。

また難しい案件で返信に時間がかかるメールもあります。

例えば、問題の解決方法や今後の進め方を検討する必要があるような案件です。この場合は、カレンダーにこのメールを関連づけて、いつこの案件を対応するかスケジューリングすることが大切です。

併せて、「ラベル（色分け）」「フラグ」などを活用し、「返信の必要あり」「重要な案件」「依頼中の案件」などの状況が一目でわかると管理がラクです。

返信忘れをしないように、メールを未読に戻す方法もあります。

大事なことは、できるだけシンプルな方法で、メールを適切に管理し続けられることです。

③メールの保存先をどこにするか？（タスク置き場をどこにするか？）

あなたは読み終わったメールや対処済みのメールが受信ボックスに残っていて、ジャマだと感じたことはありませんか？

新着メールや重要な案件に集中するためにも、処理済みのメールは受信ボックスから消すことがおすすめです。いらないメールがなくなることで、受信ボックスがやるべきリストに変わります。

多くの人は、案件別、顧客別、差出人別、やりとりした年別など、さまざまな分け方でフォルダを作り、階層構造にします。フォルダの分け方は、日々やりとりするメールや相手の数、内容などにより変わってくるため、正解はありません。

ただ、メール検索を活用すれば、細かくフォルダ分けする必要はありません。アーカイブフォルダがひとつあれば十分です。つまりメール整理自体に時間をかけすぎないことが重要です。必要があれば、過去のメールを簡単に見つけられればいいだけです。手段を目的化しないことが大切です。

なお、近年はAIによる自動振り分け機能も進化しており、宣伝メールや通知メールを自動検知してくれるサービスもありますが、大切なのは、自分にとって本当に優先すべきメールに適切なタイミングで対応することです。ツール任せにしすぎず、上記の仕分けや即レスの考え方も取り入れてみてください。

point

メールは見たらすぐに返す

7 パソコンのファイル管理も検索からはじまる

ファイルの保存場所をフォルダの深い階層に分け、頭の中に記憶しようとしていませんか？　いまのＯＳはキーワード検索が強力なので、大雑把に整理しても素早く探せます。細かい階層づくりに時間をかけるより、検索を上手に活用しましょう。

(1) 検索ボックスで一気に探す

パソコンには検索ボックスが用意されています。ファイル名の一部や内容に含まれるキーワードを入力すると、その条件に合う候補がすぐ表示されます。ファイルの種類（例：pdf、ppt）などを組み合わせれば、さらに絞り込めます。クラウド環境でも同様に、ブラウザ上で検索が可能です。

(2) フォルダ階層は最小限に

フォルダを増やしすぎると、かえって混乱しやすくなります。検索に使いそうなキーワードをファイル名やフォルダ名に入れましょう。ポイントとしては、①何が入っているか明確にわかる名前にする②誰が見ても理解できる名前にする③同じルールで命名するです。

例）２０２５０３０１＿企画書＿新商品プロモーション.pdf

クラウド環境では履歴を追えるため、バージョン管理は不要です。しかし、ローカル保存しかない場合は、バージョン番号などの文字をファイル名に付けて区別し、さらに、最新用とアーカイブ用のフォルダを用意して、分けて管理すると混乱を防げるでしょう。

(3) デスクトップをスッキリ保つ

デスクトップに大量のファイルやフォルダを置くと、どれが最新か自分でもわからなくなりがちです。よく使うアプリのショートカット程度に留めましょう。

point

人より優れているコンピュータの検索力を使う

8 机の上を整理すると集中力も高まる

机の上がゴチャゴチャしていて、よく探しものをする人は多いのではないでしょうか？

あなたは大丈夫ですか？

机の上に書類やモノが散乱しているということは、頭の中もゴチャゴチャになっている可能性が高いです。仕事のテンパり度合と考えてもいいかもしれません。つまり、**机の上の整理状態は、頭の中の状態を表している**と言えます。

当たり前ですが、机の上は実際に作業を行うスペースです。今、集中すべき仕事以外の資料やモノがあれば、そちらが気になり、あなたの集中を妨げます。つまり**自分自身で仕事に集中できない環境を作っています。**

机の上には、電話やパソコンなど必要最小限のもののみを置くことです。残りの仕事関連の書類は机の中や他の場所にしまいます。小物などは置き場を決めておきましょう。

そうすることで目の前の仕事に集中でき、効率も上がり仕事を早く終わらせることができます。

机の上に置きっぱなしで、片づけられない理由のひとつは、やるべき仕事の順番が決まっていないからです。

そのため、作業仕分けをすることが重要になります。何をいつはじめ、いつまでに片づけるのかを決めるのです。そして、机や引き出しの特徴、モノの配置やレイアウトの意味を踏まえた上で、どこをタスク置き場にするかを決めることが大事です。

退社時には、電話以外何もない状態にしておくことが理想です。

point

机の上には今やるべき仕事だけを置く

第６章まとめ

- 仕事関連の資料や情報がバラバラに管理されていると探しものが増える
- できるだけ同じところに資料や情報を集めて保管する
- メモを捨てる方法を考える
- 書類もデッドラインで管理する
- メールは整理するのではなく、検索するもの
- メールを見る優先順位を決め、自動的に仕分ける
- パソコンのファイル管理を技術の進歩に合わせてアップデートする
- 机の上には何も置かない

チェックしましょう！

チェックがついたら、本章を読み返しましょう

- □同じ情報を複数のタスク置き場で管理している
- □資料や情報を分類分けしすぎている
- □ファイルボックスやクリアファイルを持ち歩いていない
- □メモをあちこちに残している
- □書類を何でもかんでも残している
- □メールやクラウドサービスを書類整理に使用していない
- □締め切りがわからない書類管理になっている
- □書類を2回以上読み直している
- □メール検索に苦手意識がある
- □メールを1語で検索している
- □すべてのメールを同じフォルダで受信している
- □返信忘れの対策をしていない
- □ファイル名は「検索しやすさ」を考えずにつけている
- □デスクトップに一時的なファイルを置いている
- □帰宅時に机の上にモノがいくつも置いてある

第７章

習慣とテクノロジーで進化する時間管理

1 「自分は遅い」と認める人ほど成長する

できる人と一緒に仕事をすると、スピード感覚や時間感覚の違いに驚かされることがあります。あなたはこの違いを感じたことはありますか？

限られた時間内で、成果を出す人の仕事の進め方は、シンプルでリズミカルです。スイッチがオンになり、高い集中力と異常なスピードで優先順位の高い仕事から一気に取りかかります。終われば、スイッチがオフになり、一休みします。これを繰り返しています。

このスピードや時間感覚の違いを感じたときは、成長できる絶好のチャンスです。この違いを客観的に見てください。変なプライドを持って、自分が遅いことをごまかしたり、見栄を張って隠そうとしてはいけません。**素直に「自分は遅い」と認め、仕事が速い人から、どういったことがマネできるかを考えることが大事です。**

まずは、この違いの要因は何かを具体的にしましょう。

専門知識なのか、進め方なのか、コミュニケーションのとり方なのか、「何が違うのか？」を明確にし、「どこにギャップがあるのか？」を特定することです。

次に、そのギャップを埋めるために、「何がそのギャップを生むのか？」「どうすればそのギャップを埋められるのか？」という流れを意識し、合理的に考えます。そうすることで、実際に何を学ぶ必要があるかが見えてくるので、あとは実行していくだけです。

ただし、一から自分で学ぶのは時間がかかりますから、教えてもらうことが賢い近道です。

「私には無理かも」と思って、諦める人もいるかもしれませんが、それはデキる人の今の状態、つまり結果しか見ていないからです。そこに至った過程や手段に目を向けなくてはなりません。もし「このままだとマズイ。本気で変わりたい」と強く思っているのであれば、**できる人がそこに辿り着くまでに取り組んできたことに目を向ける**ことが大切です。

そして、まずはやってみることです。

point

仕事のできる人とのギャップを具体的にしてから埋める

2 自分の「タイムゾーン」を見つけると集中できる

あなたのパフォーマンスが高い時間帯はいつですか？

得意だと感じる時間帯は、人それぞれ違います。まずは自分が最も集中でき、パフォーマンスの上がる時間帯がいつなのかを把握することが大切です。

そして、**その時間帯を最大限活用するために、外部から邪魔されず、集中できる環境を作っていきましょう。**

一般的に、午前中は頭が冴えているので、「頭を使う」仕事に適しています。例えば、企画やアイデアを考えたり、プレゼン資料や文章の構成を検討したり、自分の考えや意見をまとめたり、複雑な問題を解いたりするのに向いています。

午後は集中力が落ち、能率が悪くなりやすい時間帯です。あまり頭を使わない単純作業やルーチンワーク、経費精算など粛々とできる定型的な仕事、簡単に仕上げられる仕事、あまり成果に質を求められない仕事などが向いています。

ミーティングを午後にするほうがいいという考え方もあります。主な理由は、人と話すから眠くなりにくいとか、ミーティング中は頭をあまり使わない時間もあり、頭が働く午前にミーティングするのは、もったいないなどです。

ただ、根本的には、**そんな緩いミーティングは改善すべきです。**とは言え、意味のないミーティングだと思っていても、立場上、参加しなければいけないものもあるでしょう。

その場合、ミーティングを午後に設定し、午前中は頭を使うクリエイティブな仕事に集中するなど、調整を意識するだけでパフォーマンスが変わります。大切なのは、「**集中時間は自分ひとりではなく、周囲の理解や仕組みで支える**」という視点です。

チームメンバーや上司や、割り込みを最小限に抑えるルールを決めたり、チャット等のアプリで「集中モード」を示したり、休憩時間を合わせたりして、全員が生産性を高められる仕組みを作りましょう。

point

自分の得意な時間帯はチームで守り、最大限活かす

3 「タイマー」を使って集中力をアップする

「気づいたら30分も経っていた……」そんな経験はありませんか？　特に何をしたわけでもないのに、ダラダラと時間が過ぎてしまうことは誰にでもあるものです。

集中できない理由はさまざまです。疲れている、ほかに気になることがある、仕事がつまらない、不安や悩みがある……。

そのようなときは無理をして、難しい課題に取り組んだり、クリエイティブな仕事をして頭を使う業務をしてはいけません。

集中できないときは、単純作業に切り替えるのが正解。

ルーチンワークのような定型業務や、正確性を求められない単純作業などにシフトするほうが時間を有効に使え、成果を出せます。

しかし、それでもなかなか勢いがつかず、今日中に終わらせなければいけない作業が残っていたりします。そのようなときにおすすめする方法は、「タイマー」を使うことです。タイマーを使うと、デッドラインの意識が強くなり集中力が上がります。

まず、**仕事の内容や予定を分割して、短時間で各作業を完了できるぐらい小分けにします。**

次に、「この作業を10分で終わらせるぞ」などと目標タイムを決めます。

そうしたらタイマーを10分に設定し、**タイムアタックです。一気にその作業を終えるように仕向けるのです。**

また、タイマーを使って集中力と生産性を上げるテクニックのひとつとして、「ポモドーロ・テクニック」というものがあります。

ポモドーロ・テクニックは「仕事と休憩」をセットとして、それを繰り返すことで仕事に集中します。

例えば、次のようなサイクルで作業を進めます。

①25分作業→５分休憩（１セット）
②これを４セット（約２時間）繰り返す

③4セット終わったら、15分程度の長めの休憩を取る

この方法のメリットは、タイマーを使って短い時間に集中することができるようになることです。「25分だけ集中すれば5分休憩がある」と思うと、やる気も湧いてきます。

このようにタイマーを使うことで、少なくとも一歩一歩着実に仕事を終わらせていくことができます。成果や実績を出していくだけではなく、達成感を積み重ねることで、「やり続けられた」という自信にもつながっていきます。

また、仕事のマンネリ化を防ぐメリットもあります。

同じ作業でも、「○分以内に終わらせるぞ！」とタイムアタック方式にするだけで、ゲーム感覚で楽しく取り組めるようになるからです。

集中できないときこそ、タイマーを活用してみてください。きっと作業効率が上がり、時間をより有意義に使えるようになりますよ！

point

仕事の時間を分割して、集中できるように自分を騙す

4

仕事を「ゲーム化」すると自由時間も増える

「つまらない仕事」は、私たちの「時間」を奪います。つまらない仕事は長く感じますし、実際に時間がかかります。ですから、つまらない仕事を減らすことが大事です。

そこで、仕事をゲーム化することをおすすめします。ただし、仕事の楽しさを探そうというわけではありません。

ゲームには目的、課題、ルールがあります。お姫様を助けるという目的だったり、それを邪魔する敵（課題）だったり、敵に当たったらゲームオーバーになるというルールだったり。これを仕事にも取り入れるのです。

例えば、見積もり作成時間を10％減らすことが目的だとします。仮に、今まで1時間かかっていたとすれば、6分をどのように縮めるかが課題になります。もし見積もり作成が54分よりも早く終われば、ご褒美としてスイーツを余分に食べられるようにするなどの**自分なりに楽しめるルールを作ります。**ゲーム感覚で臨むことで、嫌なプレッシャーやストレスを感じることなく、見積もり作成業務のスピードアップを図ることが可能です。

クリアできないゲームは楽しくありません。そこで、私たちはルールの中で課題をどう解決するかを真剣に考えます。これを繰り返していくと、成果を手に入れるためにはどうすればいいかを考える癖がつきます。

また、ゲームは一度クリアしてしまうと、誰でもクリアできるレベルでは満足しなくなります。難易度が高いものに挑戦したり、同じゲームを今までよりも効率良くクリアしたくなるのです。54分かかる作業なら、自分なりに工夫して50分で終わらせようとします。

このようにゲーム感覚で仕事に臨むことで、仕事のモチベーションが変わります。主体的に仕事に取り組めるようになり、効率が上がります。

point

仕事の意味合いを変える

5 「わからない」を放置しない、効率的な学び方

「何がわからないのか、わからない」ために、思考や行動が止まることがあります。

この状況を打破するには、まずその分野の全体像をつかむことが大切です。

限られた時間内で効率良く学ぶ方法のひとつは、**その分野に詳しい人に直接教えてもらうこと**です。しかし、そのような人がいない場合は、**AIを活用して不足している知識を補ったり**、インターネットや本で情報を収集したりします。

ただし、明確な目的を持たずに情報収集を始めてしまうと、今必要でない、優先度が低いものをつい見てしまい、時間を使ってしまいます。

そんな時間の使い方はもったいないので、まずは、目的や目標を基に、**「自分は何がわかっていないのか」と「具体的に何を学べばギャップを埋められるか」を明らかにすることが重要です。**AIを使えば、自分に合ったレベルで簡潔に解説してくれたり、しっかりと学ぶためのプランを提案してもらえるため、短時間で効率的な情報収集が可能です。

また、**全体的な知識を得るには、やはり読書が有効**です。

簡単に読めそうな入門書を3冊以上読むことからはじめましょう。初心者には1冊の分厚い本をじっくり読むよりも、複数の本を短時間で読むほうが効果的。まずは、入門書レベルを3冊読み、共通点・相違点を整理するだけで、その分野の概要がわかります。

すべての本で共通していることは、その分野の本質的なことや大事な基礎だったりします。また違う点は、著者の立場や考え方、経験による違いであり、この点を理解することで、いろいろな手法やアプローチを学べ、多角的に物事を見る力が養われていきます。

「わからない」という理由で思考停止するのは、時間を想像以上に浪費します。

まずは、「何がわかっていないか」を自問し、AIや本を使って知識のギャップを段取り良く埋めていきましょう。この段取りは、個人の仕事だけでなく、プロジェクト的な仕事でも応用できます。効率的に知識を得ることで、仕事のスピードと質が向上します。

point

わからない部分を整理し、AIや本を活用して効率的に学ぶ

6 仕事の成果は、情報収集後の「パクる力」で決まる

あなたは、情報収集を効率よくできていますか？

質のいい情報を短時間で収集する力は、仕事の成果を左右する大切なスキルです。今ではネット検索やＡＩを活用すれば、多くの情報は短時間で手に入ります。しかし、本当に重要なのは、集めた情報をどのように活かすか、つまり「パクる力」です。

まず「ネットやＡＩの情報は信頼できない」と思う人がいるかもしれませんが、そうした先入観は、情報収集の可能性を狭めてしまいます。本来は、人から得る方法も含め、正確な情報を得るためには、**複数の情報源を確認する**などの工夫が必要です。

ネットやAIは、正しく活かせば、強力な助っ人になります。

例えば、複数のキーワードや条件付きで検索したり、画像検索をしたりすることで目的に合った情報にたどり着きやすくなります。また、対話型ＡＩを活用して情報を要約して、効率よく把握することができます。最終的には自分で活用するかどうかを判断します。

次に、集めた情報をどう活かすか、『パクる力』について考えてみましょう。

この言葉は「TTP」の「徹底的にパクる」からきています。この「TTP」は、トリンプ・インターナショナル・ジャパン元社長の吉越浩一郎さんが考案した概念です。ポイントは「**いいことは積極的に取り入れる**」ということです。もちろん、「そのまんまパクる」のではありません。**自分流にアレンジしていく**ことが大切です。

「優れた芸術家は模倣し、偉大な芸術家は盗む」という言葉があるように、学んだものを自分のものにする創意工夫が求められます。

大切なのは、ネットやAIを使い、人と話し、良いアイデアを取り入れ、自分流に活かして成果を出すことです。どんな方法で情報を集めても、最終的にそれをどう活用するかを決めるのは自分自身です。続けることで、実行力が養われ、仕事の成果は確実に上がっていきます。

point

情報を集め、良いものを取り入れ、自分流に活かす

7 退社前に「復習」と「予習」をする

退社前に今日の振り返りと明日の段取りをしっかり行うと、明日が今日よりもうまくいきます。そのときは自分と対話しながら進めることが大切です。**振り返ることで新たな気づきを学べ、段取りすることで翌日の朝からロケットスタートができます。**具体的には次の３つを行います。

① 振り返る

まずは、今日の仕事を振り返りましょう。

「今日、やったことは何か？」
「やり残した仕事があれば、なぜ終わらなかったのか？」
「今日の教訓は何か？」

うまくいったこと、反省すべき点を整理することで、同じミスを繰り返さず、次に活かすことができます。

② 作業仕分けで、明日に備える

明日をスムーズに迎えるためには、仕事を整理しておくことが重要です。

仕分け①：明日やることを明確にする

「明日以降に、追加でやるべき仕事はあるか？」

「締め切りや作業内容の変更はないか？」

「何かモレがないか？」

仕分け②：いつ何をするか決める

「やり残した仕事は、いつするのか？」

「新たに増えた仕事は、いつするのか？」

「明日、空き時間を確保できているか？」

仕分け③：タスク置き場を整理する

「明日やる仕事はどこに準備してあるのか？」

「バラバラに保管・管理されていないか？　片づけたか？」

「明日、スグにはじめられるか？」

翌朝、探し物に時間を取られることなく、すぐに作業に取りかかれるように整えておくことが大切です。

③スキマ時間にやる作業をリストにする

ちょっとした待ち時間や突然できた空き時間に、あなたは何をしていますか？「待たされてイライラしている」「ぼーっとしている」なんてことはありませんか？

このスキマ時間をどのように活用できるか真剣に考えることは、時間管理をする上で重要です。

例えば、たった3分でもできることはたくさんあります。

メールを数通処理できます。電話も1件、2件かけられます。

書類に目を通したり、郵便物を確認することもできます。基本、スマホがあれば、場所を問わず、メールチェックや情報収集も簡単にできます。

要するに、**「スキマ時間」を何もしない待ち時間から、価値を生む「使える時間」に変える**のです。

この限られたスキマ時間にタイムアタックをするかのように集中できれば、従来では考えられなかったアウトプット、成果を出すことができます。

スキマ時間を使って仕事をする習慣が身につくまでは、普段から、「5分あればこれをやる」「10分あればこれをやる」といった形で、短時間でできる仕事をあらかじめを考えておくといいです。

やることを迷わないように、事前にリストアップしておきましょう。スキマ時間の活用を考えることで、時間をムダにしたくないという意識が芽生え、時間効率を上げることにつながります。

point

仕事の効率を高めるには振り返りと段取りが大事

8 生成ＡＩで進化する段取りと時間管理

近年、「生成ＡＩ」の進歩により、文章作成、翻訳、要約といった作業が、場合によっては数秒で処理できるようになりました。これにより、従来の地道な**「ちりつも型」の効率化では削れなかった部分を、「根こそぎ省く」**ことが可能になってきました。

例えば、メールの下書きや議事録作成などの日常作業をＡＩに任せ、人間は最終判断するというスタイルが浸透すれば、これまで多くの時間を奪ってきた定型的な業務の手間を一気に軽減できます。

その結果、人間は創造や判断、コミュニケーションやコラボレーション、そして信頼関係の構築といった、より付加価値の高い仕事に集中できるようになるのです。

生成ＡＩは、こうした新しい働き方を支える強力なパートナーとなり、時間管理をさらに強化する鍵となります。

生成ＡＩを活用すれば、**情報収集、資料作成や校正、アイデア出しなど、従来、時間と**

手間がかかっていた作業が大幅に効率化されます。

例えば、長い文章やレポートをＡＩに要約させることで、要点を素早く把握し、効率的に次の行動へ移ることができます。

また、**メールやチャットの内容を解析し、タスクを抽出してスケジュールに組み込むような、「仕分け作業」に費やす時間を削減できます。**さらに、提案書や契約書の初稿、校正、翻訳といった**文書作成業務もＡＩと進めることで、業務全体のスピードを大幅に向上させることができます。**

例えば、メール本文から「期限付きのタスク」を抽出し、対応漏れを防ぎ、効率的に作業を進めることができます。また、会議の録音データをＡＩに読み込ませて議事録とアクションリストを自動生成すれば、会議終了後に「誰がいつまでに何をするのか」を明確にし、迅速に共有できます。

さらに、経費精算や帳票入力などの定型業務を自動化できるツールを活用することで、これまで手間がかかっていたルーチン作業を効率化し、管理コストを削減することが可能です。自動化を進めて行くことで、繰り返し行う細かな作業を減らし、時間をより重要な判断や計画、コミュニケーションに集中させることができます。

このような自動化によって、人間が対応する必要のあった細かな作業を減らし、その分の時間とエネルギーを、より重要な判断や計画の立案、またはコミュニケーションや協力が求められる仕事に集中することができます。自動化ツールは、日々の業務負担を軽減し、仕事全体の効率を大きく向上させるサポート役となるのです。

ただし、生成ＡＩは万能ではありません。例えば、特定の状況や文脈を深く理解したり、微妙なニュアンスを読み取ることには限界があります。そのため、ＡＩが行った作業の最終確認や調整は、人間が行う必要があります。

また、ＡＩを育てるという意識を持つことが大切です。間違ったことに対して、フィードバックを与えることで、より良い結果を生み出す存在になっていきます。

また、ＡＩを活用する際には、セキュリティへの配慮が欠かせません。機密情報や個人情報をそのまま入力しないよう注意が必要です。さらに生成された内容が正確であるか、著作権を侵害していないかを確認することも大切です。

こうした基本的なルールを守ることで、ＡＩを安心して活用できるようになります。

生成ＡＩは、単なるツールではなく、日々の仕事を支える頼れるパートナーのような存在です。小さな業務から試し、使い続けることで、ＡＩの力をより引き出せるようになります。その可能性を広げていきましょう。

そして、あなたの業務負担を軽減し、より価値ある仕事に集中できる環境づくりをＡＩと共に進めていくことが、新しい時間管理の形です。

point

「ちりつも的習慣＋ＡＩで時間管理を次のレベルへ」

第７章まとめ

・素直に「自分は遅い」と認め、できる人とのギャップを具体的に埋める
・自分に合った時間帯を徹底的に活かす
・タイマーを使って、一気に仕事を終わらせる
・ゲーム感覚で仕事に臨むことで仕事のモチベーションが変わる
・知識を増やして「わからないから、できない」を減らす
・効率良く情報収集し、「パクる力」で成果をさらに上げる
・日々の振り返りと段取りで成果を出し、成長し続ける
・スキマ時間を使いこなす
・生成ＡＩで段取りと時間管理を変える

チェックしましょう！

チェックがついたら、本章を読み返しましょう

□「自分はムリ」と思い込んでいる
□今のままでいいと自分に妥協してしまう
□得意な時間帯にジャマされている
□簡単なルーチンワークを午前中にしている
□タイマーを使ったことがない
□集中力を高める努力を怠っている
□ひとつの情報源に頼りすぎている
□「わからない」という理由で思考停止している
□「ネットやＡＩの情報は信頼できない」と思っている
□「他の業界や分野から学ぶ」ことはないと思っている
□「まとめ」や「おさらい」をしていない
□仕事を日々効率良くなるような工夫ができていない
□生成ＡＩを使っていない

第８章

仕事のやり直しを防ぐ「逆算思考術」

1 やり直しを防ぐ「スマートゴール」

あなたは一生懸命やったのに、「やり直し」と言われガッカリした、そんな経験はありませんか？

「やり直し」は、本当にムダです。「だったら、はじめから言ってよ」と思うこともよくあります。

このようなことが起こる原因は、目標としているゴールが違うからです。

同じ仕事でも目的やゴールが違うと、やるべきことや、それにかかる時間が変わってきます。そのためゴールを明確にすることが重要です。

そこで、目標達成に効果的な「スマートゴール」という目標設定の方法を紹介します。

スマートとは、英語のＳＭＡＲＴからきています。次ページの５つの頭文字を並べたものです。この５つの要素を入れてゴールを設定することで、達成したいことが具体的かつ明確になります。

例えば、「ダイエットする！」ではなく、「私は毎日8キロ歩いて、12月31日までに体重を3キロ落とす」とすれば、誰が見てもわかりやすく、誤解がなくなります。

また「ゴールから逆算で考える」ことが重要です。

「とにかくがんばろう」とコツコツ積み上げる考え方ではありません。明確なゴールを設定することにより、計画をしっかりと立てられ、最短で目標を達成できるようになるのです。

point
明確なゴールから逆算して考える

SMART ゴール

S Specific	具体的で、わかりやすい
M Measurable	測定可能で、数字になっている
A Achievable	達成可能で、現実的になっている
R Relevant	会社や自分の目標と関係している
T Time bound	期限が明確になっている

2 やるべき作業のヌケやモレをなくす

仕事で抜け漏れが出てしまうことは、誰にでもあります。その主な原因は、目の前の作業に没頭しすぎてしまい、仕事の全体像や流れを考える余裕がなくなるからです。最終的な成果を得るために必要な作業を洗い出すのではなく、目の前の作業の結果や状況をもとに、今やったほうがいいと思う作業をはじめてしまうのです。

このやり方だと仕事全体の見積もりが難しくなります。目の前の問題の解決だけを考えていると、本来やらなくてもいい余計な仕事をやってしまったり、不必要に時間を使ってしまったりすることがあります。

例えば、企画のアイデアを増やすことが狙いなのに、ミーティングに参加してもらう人の調整に時間をかけすぎたり、企画書を作るのに、内容を考えるよりも見た目を気にして画像を検索しはじめたりするようなことです。

本来やらなくてもいい、あるいはそこまで時間をかける必要がないことをしていたら、余裕がなくなります。その結果、余計に慌ててしまい、ミスも出やすくなります。締め切りに間に合わなくなることも増えます。

抜けや漏れをなくす有効な考え方やテクニックが、**MECEとWBS**です。

ＭＥＣＥとは、Mutually（お互いに）、Exclusive（重複せず）、Collectively（全体に）、Exhaustive（漏れがない）の頭文字をとったものです。ＭＥＣＥに考えるとは、「重複なく漏れがない」ように全体を把握することです。

ＷＢＳとは、Work（作業を）、Breakdown（分解して）、Structure（構造化する）の頭文字をとったものです。目的を達成するために必要な作業を、漏れなく階層別に細分化し、ツリー構造で表示したものです。

次ページの図は、３キロ減のダイエットを例にしたＷＢＳです。

このように、**最終的な成果を得るために必要な作業や成果を逆算的に考えると全体が見えてきます。**この図では、「減らすこと」や「増やすこと」という言葉を省いていますが、**名詞で表現することで、各成果を得るために何をする必要があるのか、具体的にどういう行動をすべきかが見えてきます。**

WBSで全体を把握する

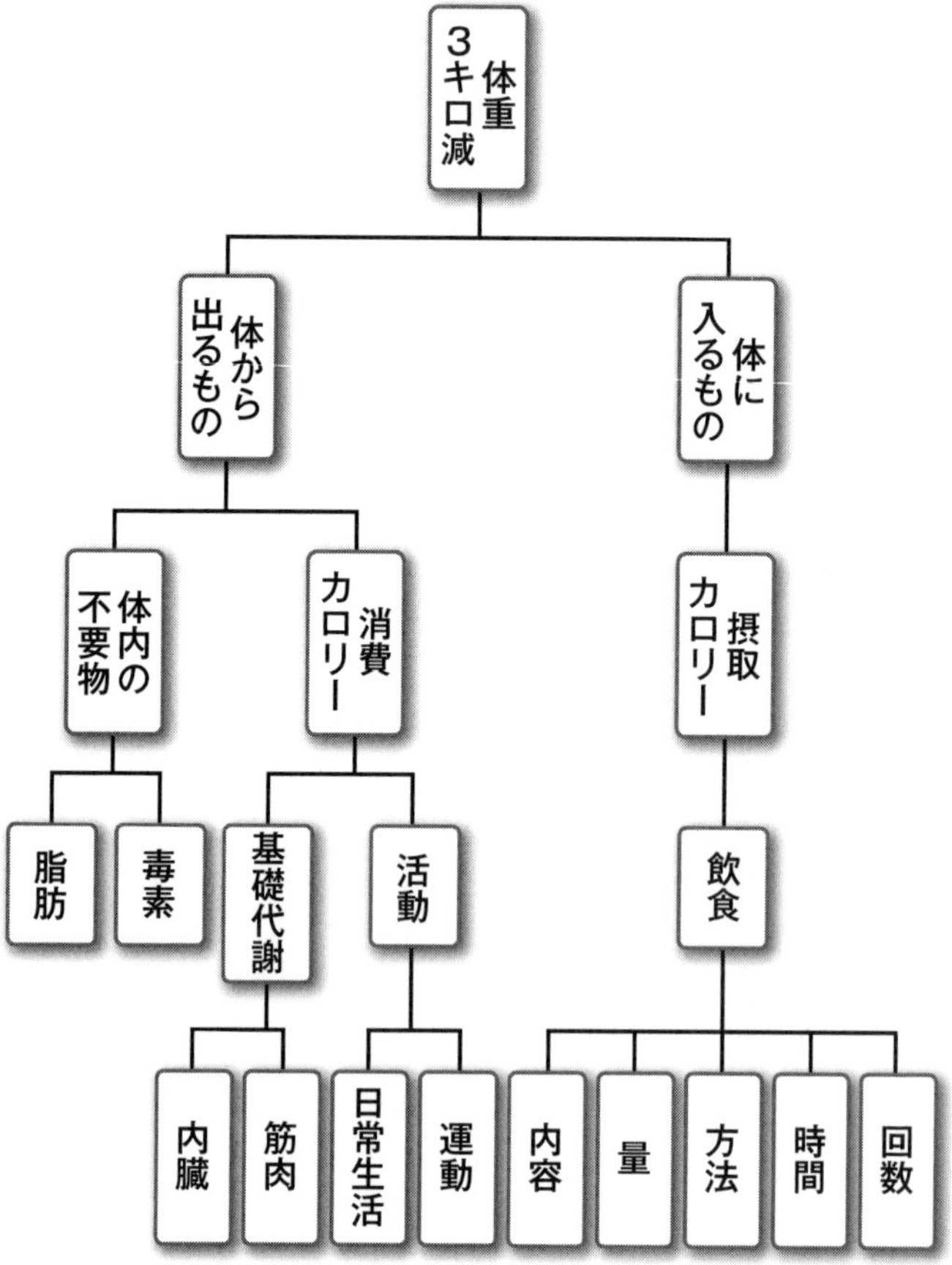

こうすることで、最終的な成果を得るために必要な作業のヌケやモレを防げ、何をやり遂げるべきかが明確になります。

大きな仕事においても、このように分解して計画・管理できるようになります。特に他の人と一緒に仕事を進めていると認識が違うことがあります。それは、各自のやっていること（作業内容）と、必要としている成果にズレがあるからです。何を得るために、その作業をするのかを確認し合うことも大切です。

ＷＢＳは最初から完璧に作る必要はありません。特にやったことがない仕事であれば、一旦わかる範囲で作ります。すると仕事を進めていく中でわかることが増えてくるので、何が必要かが見えてきたら、その都度追加します。最終成果を最短で得るために必要な作業を網羅していく姿勢が大切です。

point

仕事を分解して作業を洗い出し、計画・管理できるようにする

3

「ガントチャート」で、仕事の流れが一目瞭然

仕事全体の予定を把握するために、1カ月分のカレンダーを使う人は多いでしょう。壁かけのカレンダーや見開き月間カレンダーなどブロックタイプのものだと、1カ月の予定を一覧できます。

しかし、プロジェクトや複数の仕事の進捗を把握する際には、「ガントチャート」と呼ばれる工程表が便利です。

ガントチャートは、縦軸にやること、横軸に時間を並べたスケジュール表です。「誰がいつまでに、何を終わらせるべきか」がひと目でわかります。特にプロジェクトやチームで進める仕事を効率よく管理するのに役立ちます。

ガントチャートは、仕事の順番や流れ、進み具合を見える化し、開始から終了までの工程をしっかり管理する際に効果を発揮します。その全体像をもとに、**自分がやるべきタス**

ガントチャートで仕事全体の予定を把握する

	責任者	開始日	終了日	ステータス	1週	2週	3週	4週	5週
作業 A	担当者 1	10月 15日	10月 26日	作業中	■	■			
作業 B	担当者 2	10月 22日	11月　2日	未着手		■	■		
作業 C	担当者 1	11月　5日	11月 16日	未着手				■	■
作業 D	担当者 3	10月 29日	11月　9日	未着手			■	■	
作業 E	担当者 2	11月　5日	11月 16日	未着手				■	■
作業 F	担当者 3	11月 12日	11月 16日	未着手					■

クを抜き出し、「いつやるべきか」を個人のスケジュールに落とし込むことが大切です。

さらに、週単位や1～2週間ごとといった短いスパンで区切って予定を具体化していくと、現実的なスケジュールが立てやすくなります。こうしてこまめに進捗を見直すことで、今週だけでなく、来週以降に何をすべきかも明確になり、無理やムダを減らすことができるでしょう。

要するに、**「長期スケジュール」から逆算して「短期スケジュール」を立てる**考え方は、どんな仕事の進め方にも通じる基本です。**ガントチャートは全体を俯瞰しやすいツールですが、例えば仕事の変化が多い場合でも、短い期間で計画を確認・修正すれば対応できます。**仕事のスタイルやプロジェクトの状況に合わせて、ぜひ柔軟に活用してみてください。

point

チームプロジェクトは全体を俯瞰し、個人のスケジュールに落とし込む

４「待たせる」をなくす「作業の順序確認」

仕事が遅い人は、「取り組む順番」が誤っていることがあります。

仕事には、守らなければならない作業の進め方や順序関係があります。この順番を守らずに作業を進めると、周りの人を待たせてしまい、迷惑をかけたり、前の作業に戻ってやり直しをしなければなりません。

この根本的な原因は、仕事全体の流れを把握していないことです。

ＷＢＳを使って全体像を把握したあとは、下記のような**フローチャートを作って、作業の順序や関係を確認することが大事です。**

フローチャートで取り組む順番を把握する

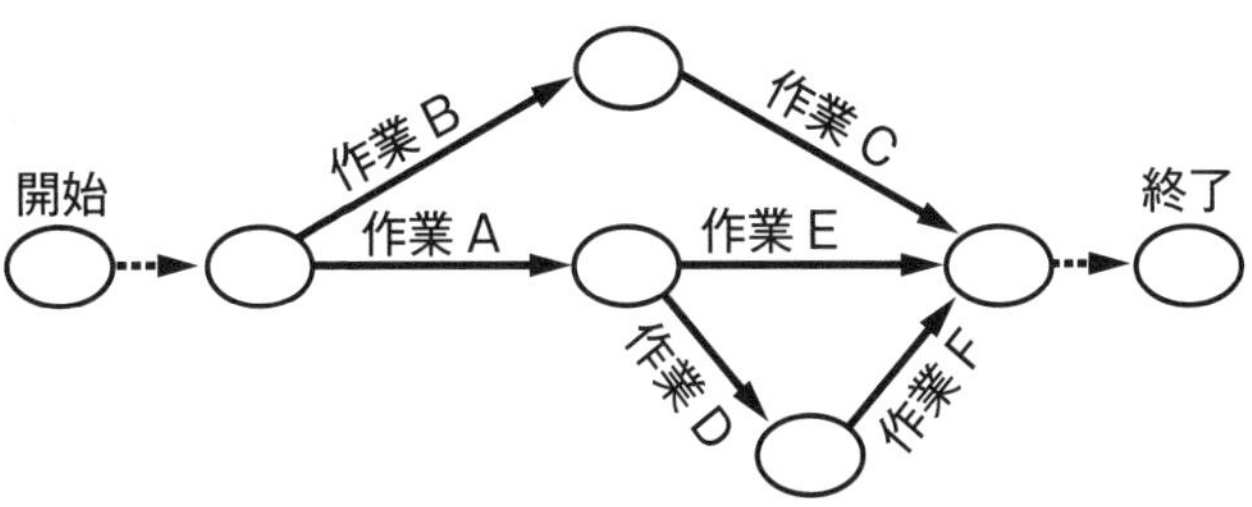

作業を矢印で、作業間の区切りであるマイルストーンや成果物を丸印で表します。このフローチャートにより、各作業の前後にやらなければならない作業や、同時並行して進めなければならない作業など、全体の仕事の流れがわかってきます。

またあなたが仕事を終えるのを、次の人が待っているという自覚を持つことです。「自分の仕事が終わったからいい」という自己中心的な発想ではなく、第1章でも述べましたが、常に「後工程はお客様」という意識を持ち、「次の人が仕事がしやすいように」というサービス精神を持つことが大切です。

この「気が利く」という発想力により、コミュニケーションや人間関係が円滑になり、仕事をうまく進めることができます。

point

他人の作業の流れも考慮した計画を立てる

5 「報連相」ではなく「確認&相談&共有」

報連相とは、報告、連絡、相談のことです。元々は、一人では解決が難しい課題をみんなで取り組み、解決できるようにするためにすすめられていました。しかし、最近では上司のために部下が自発的にすべきものだと思っている人が多いようですが、間違いです。

報連相の概略について述べましたが、本項で伝えたいことは、報連相をどうするかではありません。変化の速い現代において、「どのように課題を吸い上げ、迅速に解決するか」「気づかないリスクに対して、どう対策していくか」です。

リスクによっては、わかった時点で手を打つには遅すぎる場合もあります。**問題が起きてからの相談では遅い**のです。自分では大丈夫だろうと思った最初の段階で、**念のために事前確認することで回避できることは意外に多い**ものです。まずは、大丈夫だと思う根拠あるいは判断理由を持ちましょう。

判断ができなければ、まずは検索してみることです。過去に似たような課題に取り組んだ人の体験談や何か参考にできるものはないかを確認してみてください。自分なりに最低限調べてから、**上司や先輩、ベテランの人にどんなリスクの可能性があるかを確認や相談する**ことも大事です。このときに、「自分なりの答え」を持っておき、「私はこう思うがどうでしょうか?」という切り出しをすることが大切です。このような自発的な行動は上司からの受けもいいです。

また、**日々変化する現場の状況を周りの人と共有する**ことで、自分が気づいていないリスクや変化、あるいは対策案などのフィードバックをもらうこともできます。つまり、リスクや失敗の確率を減らすことができるのです。

「確認&相談&共有」をうまく使うことは、時間管理の面において、とても重要です。

point

課題解決やリスク対策に有効なやりとりの方法を考える

6 「3つのWHAT」で、前向きな行動を生む

ビジネスの世界では「なぜ？」を繰り返すことが大事と言われています。目的を持って行動するためでもあり、問題が起きたときの原因を見つける手段としても有効なためです。

しかし、振り返るときは、原因特定が目的化してしまうことがあるため、常に解決策をセットで考える必要があります。そこで役に立つのが「３つのＷＨＡＴ」です。

振り返るときは、以下の３つのＷＨＡＴで質問を繰り返します。

① WHAT HAPPENED?（「何が起きたのか？」）
② SO WHAT?（「だから何？」「どういう意味？」）
③ NOW WHAT?（「これからどうするの？」「今、何ができるの？」）

ここで注意したい点は、**問題を解決するために、焦点を人にではなく、行動に当てること**です。つまり、その行動をさせた状況や環境に目を向けることが大切です。

例えば、「なぜ、締め切りを間違えたのか？」ではなく、「何が、締め切りを間違えさせたのか？」です。これを繰り返すことで、仕組みやシステムを作るなどの具体的な解決策が見えてきます。

「なぜ」だけで考えてしまうと、否定的な言葉が多くなります。言い訳も増えます。何かを理由に「できない」と考えてしまいます。しかし、このＷＨＡＴをうまく使うことで、前進することが可能になります。

また、否定的な言葉を聞いたときに、「ということは？」「今、何ができるの？」と質問し、少しでも前向きに考え、行動する姿勢も大事です。

point

問題解決するためには、人にではなく行動に焦点を当てる

7

共通認識を持ち、思わぬミスを減らす

「あれ、３時までに提出でしたっけ？　今日の夕方に出せばいいと思っていました。今すぐやります」

こんな食い違いが生じたことはありませんか？

認識の違いによる思いがけないミスは、人との関係やコミュニケーションで起きます。例えば、確認を怠ったミス、思い込みや勘違いによるミスです。

私たちは、いろいろな人と仕事をしますが、みんな考え方や性格が違います。立場や能力も違います。そして利害関係も違います。自分が「当たり前」だと思っていることは、他の人の立場から見れば、「当たり前」でないことがよくあります。

特に気をつけたいことは、コミュニケーションによる「ズレ」が起きないように、相手と話の前提をすり合わせることです。

話の前提が違ってくると、「認識が違っていた」ということになり、ミスにつながります。

そうならないようにするには、相手の立場に立って物事を考えることです。

仕事を頼まれたときは、「相手はどんな前提で話をしているのか？」「どうしても守らないといけないルールや決め事はあるのか？」「この言葉はどういう意味で使っているのか」を考えながら、仕事のゴール像をすり合わせる必要があります。

例えば、上司から「会議の資料作成」を依頼されたとします。そのときは「どういう狙いで、どんな情報をどのような構成で作るのか」といった考え方や詳細を上司とすり合わせる必要があります。

基本的に、**ゴールイメージは仕事の依頼者の頭の中にある**ものです。自分勝手にゴールを設定して、相手が求めているものからかけ離れているものを作ってしまうと、やり直すことになります。

依頼者と確認した内容や情報をもとに、目に見える形式で、例えば、図や絵、文字にして、それが正しいか、誤解やズレがないかを確認することが重要です。

point

あなたの「当たり前」と相手の「当たり前」が違うのが「当たり前」

8 相手は「わかったつもり」かもしれない

相手に伝えたつもりでも、伝わらないことがあります。それは、自分と相手の会話における基準が違うからです。仕事における立場や状況、経験や知識、考え方、価値観、常識と思っていることなどには違いがあります。

ですから、意思疎通や情報共有をうまく図るには、まず相手の基準と自分の基準の違いを理解することが大事です。そして、相手の基準（立場）で話を進めたり、自分の基準を相手に知ってもらうことが必要です。

また、話し手の伝えたつもりか、聞き手のわかったつもりが原因で相手に伝わらないことも多くあります。

例えば、長すぎる話や長文メール、曖昧な説明、わかりくい資料だと、聞き手に話し手の意図が伝わったかわかりません。

そのため、伝える側は次の４つのポイントを押さえておくことが大事です。

①短く伝える

相手に「何を」「いつまでに」「どのように」してほしいのかを、端的に伝えなければなりません。また「なぜ」それをする必要があるのかを伝えることも大切です。

②結論が先

ビジネスのコミュニケーションにおいては、「ＰＲＥＰ」（下の図参照）を意識した構造で話すと伝わりやすくなります。

③イメージを使う

英語で「A picture is worth a thousand words（直訳：１枚の絵は１０００の言葉に値する）」という表現があります。日本

PREPでわかりやすく伝える

P POINT	ポイント・結論を先に言う
R REASON	理由を述べる
E EXAMPLE	具体例で補足説明する
P POINT	ポイント・結論を再度伝える

語のことわざ「百聞は一見にしかず」のような意味ですが、言葉よりもイメージを使ったほうが効果的に伝わるということです。ビジネスのコミュニケーションも同様です。

④相手の「わかったつもり」を確認する

伝えたつもりでも伝わらない難しさ、つまりコミュニケーションの齟齬《そご》を減らすことが大切です。

つまり、聞き手がこちらの言った意図をきちんと理解し、行動できるかを確認することが重要です。一緒に確認し合った内容を文字やイメージに落とし込みドキュメント化することが大切です。

コミュニケーションの構造を理解する

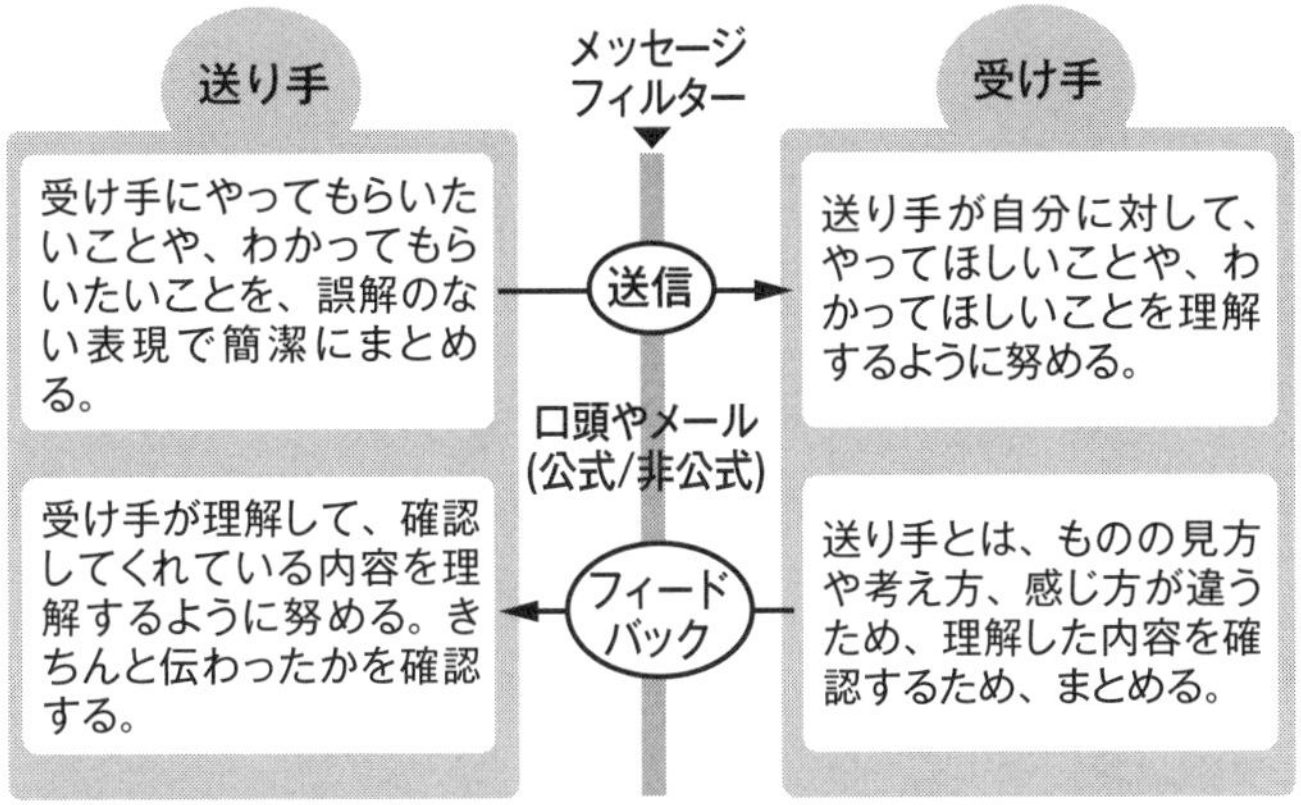

注意：知識、経験、文化、言語／非言語、態度、言い方などにより、
送った情報やメッセージが、フィルターされてしまうことを意識する必要がある。

・レベル1　聞こえた
聞き手がうなずき、「わかりました」と、とりあえず返事できる
・レベル2　理解した
聞き手がこちらの意図を自分の言葉で説明できる
・レベル3　行動した
聞き手がこちらの意図をもとに行動できる

「自分以外は自分と違う」という大前提を持つことが重要です。コミュニケーションの構造を理解することで、仕事を円滑に進められるようになります。

point

相手は自分と違うことを念頭に置き確認をとる

第８章まとめ

・スマートゴールで目標を明確にする
・最終的な成果を得るために必要な作業を逆算的に考える
・ガントチャートはプロジェクトやチームでの仕事を管理するときに便利
・自分の仕事が終わるのを次の人が待っているという自覚を持つ
・問題が起きてからの相談では遅い
・問題を解決するために、焦点を人にではなく行動に当てる
・「自分と他人の認識は違う」という大前提を持ってコミュニケーションを図る
・聞き手がこちらの言った意図をきちんと理解し、行動できるかを確認する

チェックしましょう！

チェックがついたら、本章を読み返しましょう

□やり直しを何度もしている
□ゴールの見えない作業をしている
□とりあえず目の前のことからやろうとしている
□何を得るかを明確にせずに作業している
□仕事を作業に分割していない
□作業を誰がいつまでにやればいいか把握していない
□仕事の流れを把握していない
□取り組む順番を間違えることがある
□課題やリスクを一人で抱えて、状況を悪くすることがある
□フィードバックをもらったり、返したりしていない
□原因を知るために、とりあえず「なぜ?」と考える
□「今、何ができるのか」と自問することはない
□やりとりを文字にしていない
□伝えたつもりで伝わっていないことがある
□自分の伝え方は常に正しいと思う

第９章

時間は金より
ケチって使え！

1 なぜ時間をお金のように予算管理しないのか？

「時は金なり」

私たちは、「時間はお金と同じように貴重なものだからムダ遣いしないように」と学びました。しかし、「時は金なり」の英語「Time is Money」の原文には別の意図があります。これは、アメリカの政治家であったベンジャミン・フランクリンが若い商人にアドバイスした手紙の一節からです。

超訳すると、「時は金なり、ということを覚えておいてください。1日働くと10円稼げるとしましょう。もしあなたが半日サボって、どこかに出かけ、6円使ったとすれば、それは6円使っただけではなく、本来得られるはずの半日分の稼ぎ5円も失ったということです」

ここでのポイントは、実際に使った費用だけではなく、他のことをすれば得られたであろう利益も失ったということです。要するに、時間の使い方次第で生み出す価値は大きく変わります。普段の仕事でも同じ考え方ができます。

やらなくてもいいことに時間を使えば、労力と時間を浪費しただけではありません。本来やるべきことをやれば、得ることのできた成果も失ったということです。つまり、一生懸命にやったとか努力をしたとか関係なく、単純に結果を出していないということです。限られた時間を何に費やすかを考えることはとても重要です。

▼時間を予算管理する

予算とは、入ってくるもの（収入）と出ていくもの（支出）を計画することです。
例えば、買い物中に欲しいものを見つけたとします。しかし、予算がオーバーになれば買うのをやめます。

時間もお金のように予算管理することが重要です。

私たちは1日8時間と決まった勤務時間（収入）があります。この持っている時間をどのように使うか（支出）を真剣に考えなければなりません。**勤務時間内に仕事が終わらなければ、時間負債です。**

時間が経てば経つほど、やることが溜まっていきます。すると仕事を切り替えする機会も増え、効率がさらに悪くなり、仕事を終わらせるのにどんどん時間がかかります。仕事の利子がつくのです。

時間は平等です。私の1分もあなたの1分も同じです。この時間をどのように使うかを考えることが重要です。もちろん使ってしまった時間は取り戻せません。残っている時間に目を向けることが大切です。

ただ、お金を節約するのが難しいように、時間の使い方を自分の意思で変えるのは簡単ではありません。金遣いが荒い友人が周りにいれば、ついつい、つられて一緒に使ってしまいますが、時間も同じです。電話でダラダラと話し続けたり、目的がわからない打合せにずーっと参加させられたりします。どこかで見切りをつけなければなりません。

そのため、カレンダーを活用し、スケジュールを組み、「何にどれくらい時間を使うか」を管理していくことが大事です。

point

時間はお金のように取り戻すことはできない

２ 「価値を生み出す仕事」で予定を埋める

▼「時間」と「価値」で仕事を整理する

限られた時間内で効率的に成果を上げるには、価値を生み出す仕事に専念することが重要です。そこで「仕事にかける時間」と「仕事により生み出される価値」をもとに仕事を整理していきます。

理想は、あなたのスケジュールが「短時間で終わる、高い価値を生み出す仕事（図表の①に属する仕事）」のみで埋め尽くされることです。そのためには、**生産性の低い仕事をやめなくてはいけません。**つまり、生み出す価値が低い仕事（図表の③と④）を減らすこ

「時間」と「価値」で仕事を整理する

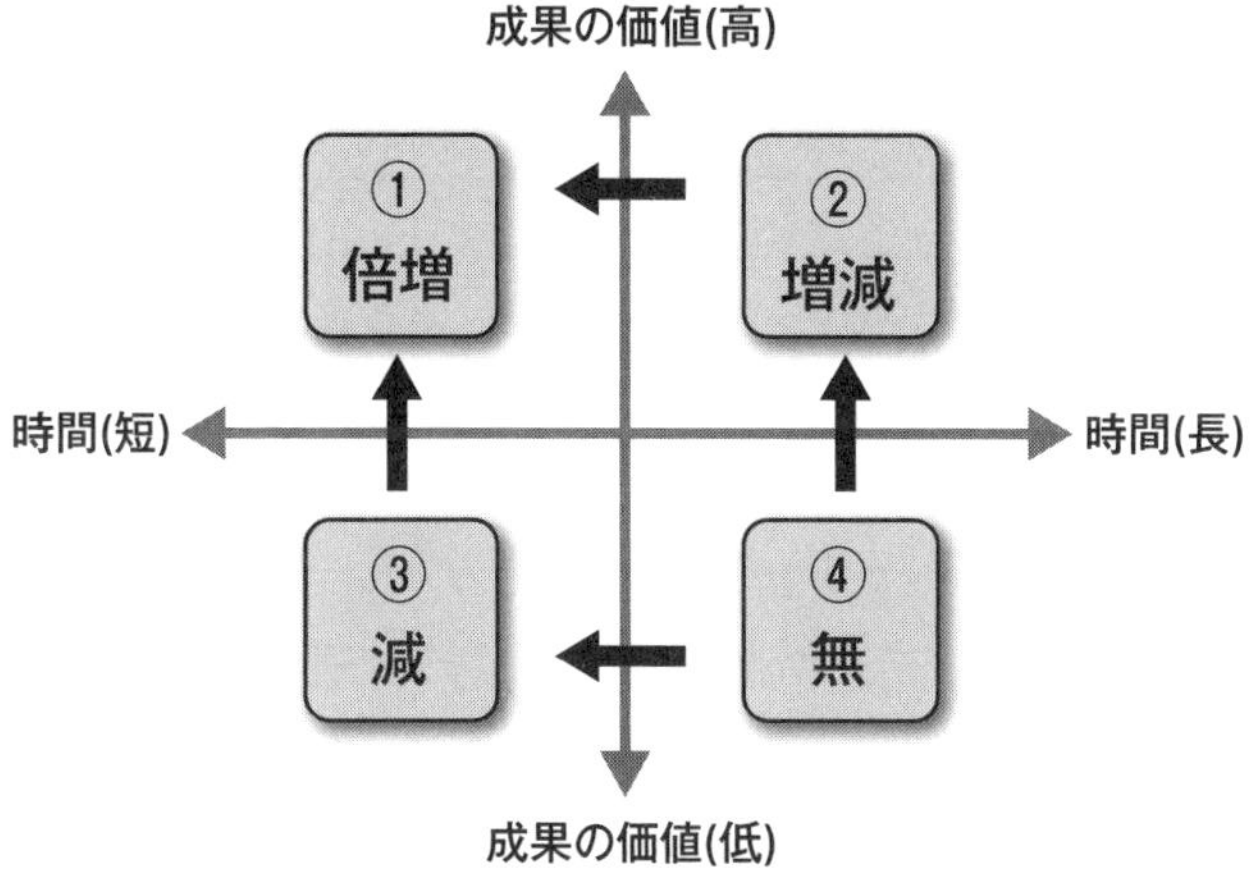

とです。

結果的に、価値を生み出す仕事（図表の①と②）の比率が高くなります。

また、価値を生み出しているが時間をかけすぎている仕事（図表の②）を短時間で終わらせるように効率化することも大切です。

▼価値を生み出す仕事とは？

価値を生み出す仕事は会社や人によって違います。お客様のため、利益を上げるため、自分のためなど、観点によってさまざまです。また、成果は職種によっても違います。

そこで、価値を判断するひとつの方法として、**仕事の金銭的価値を考えてみること**

価値を生み出す、やるべきこと一覧表

やるべきこと	料金	所要時間	1時間当たりの料金	順位

があげられます。この仕事を人にお願いするなら、いくら払うかで考えてみるのです。

前ページのワークシートを使って、あなたの仕事の価値を測ってみましょう。

まず、やるべきことをリストにします。

次に、他の人にその仕事をお願いしたら請求されると思われる料金と終わるのにかかる所要時間を入れます。料金を所要時間で割れば、１時間当たりの料金がわかります。この金額をもとに順位づけします。

順位が高いほどやる価値があります。影響度も大きく、他の人にお願いするのが難しい仕事だとも言えます。

一方で順位が低いものは、誰でもできる定型業務になりえます。

本当に自分でやるべき仕事なのか、他の人にお願いできないかを検討することが重要です。自分にしかできない仕事に集中して、あなただから生み出せるものの価値を高めていくことが大事です。

point

自分にしかできない価値の高い仕事に集中する

3 労力を減らすと時間当たりの価値が上がる

時間をうまく管理するには、効率を上げることが大切です。つまり、ムダやロス、成果を得るための労力を減らすことです。

効率を上げるには、「ＥＣＲＳ」という考え方をもとに業務を改善することが重要です。ＥＣＲＳとは、次の４つの頭文字を並べたものです。

Eliminate：排除

そもそも成果につながらない、やる意味がない仕事はやめる

Combine：結合と分離

似ている仕事は結合するか集約して、同じタイミングで行う
関係ない仕事は別のタイミングで行う

Rearrange：入替と代替

仕事の順序やタイミングを調整する

作業する場所や担当者を変える

Simplify：簡易化

仕事の自動化や標準化を進め、簡素化する

あなたが抱えている仕事を振り返りましょう。

まず、**必要のない作業をやめます。繰り返しやっている作業の回数や手間も減らし、仕事の絶対量を減らすのです。**

例えば、形骸化された報告会議をやめたり、似たような会議をバラバラにやらず、１回でまとめて行ったりします。また、会議の配布資料を会議前にメールで配布して当日の資料説明の時間を短縮したり、発表資料や報告書などの資料のテンプレートを使用して、書類作成時間を短縮したりします。

その次に、効率を上げる仕事、現状を改善できる仕事を増やしていきます。

例えば、

・段取りや計画を立てる

・資料や報告書のひな形を作成する
・標準化資料を作成する
・チェックリストを作成する
・振り返りで改善策を計画する
・スキルアップに努める

などです。

このようなことを行うと、作業をすぐにはじめられ、スピードが上がります。さらに何をどこまでやればいいかもわかり、意思疎通が図れるのでムダや作業のミスが減り、やり直しも減らせます。

最小労力で最大効果を目指すことが重要です。

point

仕事の絶対量を減らしてから、効率を上げる仕事を増やす

4 「時間予算カレンダー」は「なりたい自分」への最短ルート

最初に立てた予定と実際のスケジュールが違うことはよくあります。

しかし、予定通りいかなくても悲観する必要はありません。「うまくいくといいな」という理想のスケジュールを考えることが大事です。

理想と現実のギャップを知ることで、どのようにギャップを縮めることができるか具体的に考えられるからです。

▼「なりたい自分（理想）」と「実際の自分（現実）」のスケジュールを比較する

①「なりたい自分」の予定を立てる

通常使っているカレンダーとは別に、「時間予算カレンダー」というカレンダーを作ります。このカレンダーには、時間の予算管理がうまくいっている状態、「こういう予定で仕事を進めることができたらいいな」という理想のスケジュールを組みます。

②「実際の自分」のスケジュールを用意する

「時間予算カレンダー」の予定を普段使っているカレンダーにコピーします。仕事を進めていく中で、急に入った打ち合わせ、トラブル対応、延長したミーティングなど、実際に起きた予定や活動をもとに、予定を変更し、カレンダーに反映させます。

③「なりたい自分」と「実際の自分」のスケジュールを比較し、振り返る

「実際の自分」を表している普段使っているカレンダーと「時間予算カレンダー」を重ねて表示し、どのようなギャップがあるかを特定します。

なりたい理想のスケジュール（時間予算カレンダー）

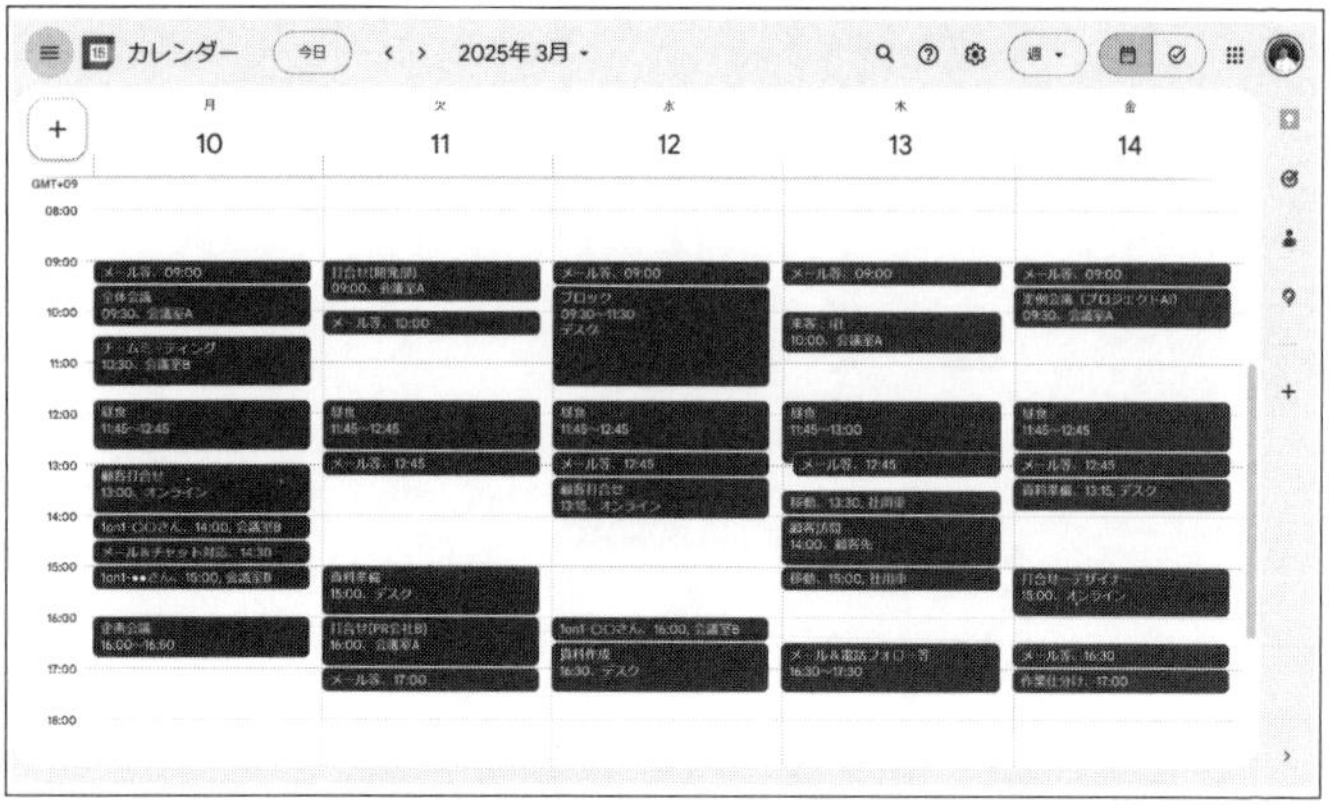

実際のスケジュール

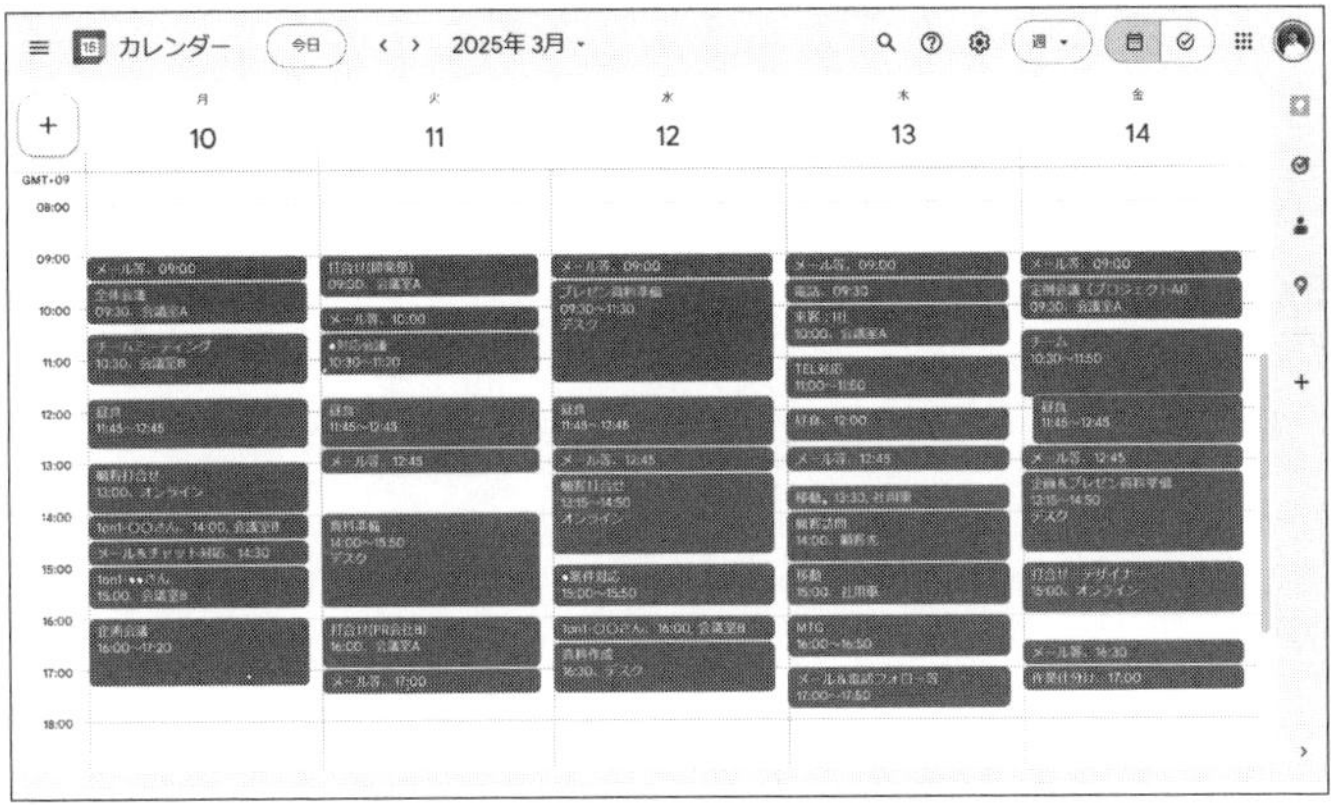

理想のスケジュールと実際のスケジュールを比較

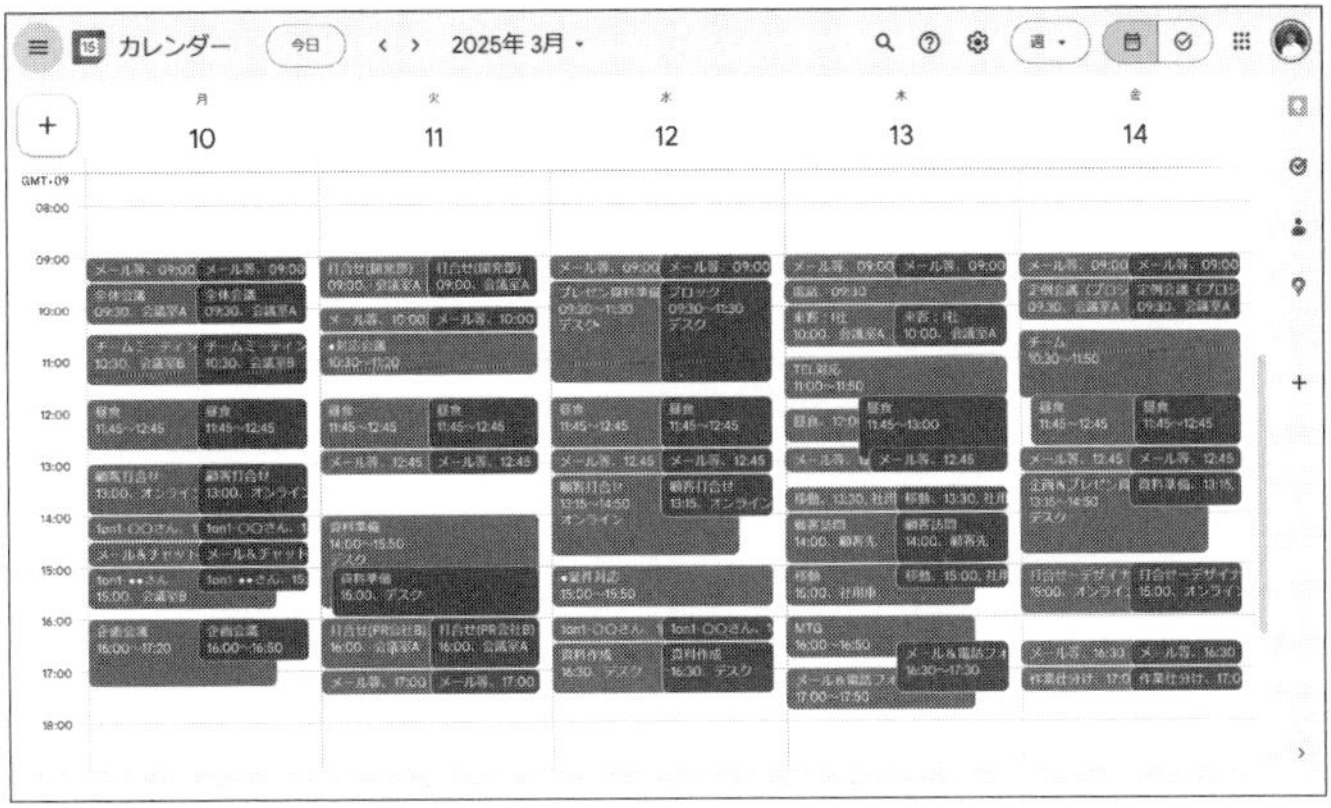

④ギャップが起きた原因と対策を考える

なぜ、**それぞれの予定で差異が出たのかを追求**します。何が時間をかけさせたのか？　なぜ早く終わったのか？　時間の見積もり自体に問題があったのかなど、原因を突きとめます。

次に、**どうしたらギャップを縮められるかの具体的な対策を考えます。**急に入る予定に対応できる空き時間を増やす必要があるかの検討もします。

このように「時間予算カレンダー」と比較することで、時間を予算内で収められるように、具体的な改善策を計画できます。また本当に自分がやりたいことに取り組んでいるかの確認もできます。

「時間予算カレンダー」は、効率的に仕事を達成するための道しるべとして活用することができます。

point

理想と現実のカレンダーとのギャップを分析し改善する

5 カレンダーに「できたこと」を記録し、振り返ると自信がつく

自分のスケジュールを振り返ることはとても大切です。

すでに述べた通り、「時間予算カレンダー」と比較し、理想とのギャップを知ることで、具体的な改善策を計画し、実行していくことができるからです。しかし、メリットはそれだけではありません。


仕事をしていると、「大丈夫かな」「本当にできるかな」と不安な気持ちになることは誰にでもあります。新しい仕事に尻込みする人も多いです。

そこで、自分に自信を持つためのおすすめな対策を教えます。それは自分の「できたこと」、つまり仕事の成果をスケジュールに記録することです。

大きな仕事である必要はありません。小さな仕事でも達成は達成です。

この達成する体験を積み重ねることが大事です。そして、スケジュールを振り返り、この成功体験を確認するのです。

すると、**「自分は思ったよりもできている」という肯定的な見方ができるようになり、自分に自信が持てるようになります。**つまり、「私ならできそう」と意欲を持って仕事に取り組めるようになるのです。

また、「できたこと」だけでなく、どのように課題を解決したのか、どのように改善したのかを整理して、カレンダーに記録することも重要です。

この過程で、新たな気づきや学びを得ることができます。さらに、似たような課題に直面したときに、迅速に対応できます。

カレンダー活用は、学びや成長を早める日報的な利点もあるのです。

point

カレンダーをうまく使うことで学びや成長を早められる

6 ＰＤＣＡサイクルは「Ｄ」からはじめる

仕事のスケジュール管理において、スケジュールを立てることは目的ではありません。時間を効率良く使い、慌てたり遅れたりすることなく、限られた時間内で成果を出すことが重要です。スケジュールの計画よりも「実行」が大事なのです。そして変化の早い今、スケジュール管理も高速にＰＤＣＡを回し、改善していくことが重要です。

ＰＤＣＡとは、次の４つの単語の頭文字を並べたものです。

Plan　：計画を立てる
Do　　：実行する
Check：評価する
Action：改善する

例えば、詳細なスケジュールを立てても、割り込みの仕事が突然入ります。つまり、Ｐ

DCAサイクルの計画（P）に時間をかけても、実行（D）に移れない状況になってしまいます。

そのため、**詳細なスケジュールを組むために多くの時間を割くのではなく、大まかなスケジュールを立てて、すぐにやってみる。**そして振り返り（C）、そこで得た教訓や学びをもとにスケジュールの組み方を改善する（A）。その結果として、今までよりも時間を有効活用できるようになり、成果を出していく、この流れが大事です。

まずは、本書で紹介しているやり方を試してみてください。**実際に行動してみると、頭だけで考えたこととは異なる結果や実感を得ることができます。**そしてそれを評価し、改善し、このサイクルを繰り返すことで、あなたのスケジュールが最適化されていきます。

最後に、目まぐるしく変わる状況や環境に柔軟に対応できる考え方「OODA」ループを紹介します。

OODAとは、次の4つの単語の頭文字を並べたものです。

Observe：観察する

Orient　：状況判断して、方向づけする
Decide　：行動プランを決める
Act　　：行動する

ＰＤＣＡとの違いは、ＰＤＣＡは、計画して実行して、状況を管理・監視することを重視していますが、ＯＯＤＡは最初に観察し、状況判断に重きを置いているため、柔軟な判断や実行を優先しています。

まずはやってみることをおすすめしますが、いきなり行動するのは不安で慎重に進めたい人もいると思います。そのような人は、ＯＯＤＡを活用し、自分のスケジュール管理の状況を観察してください。

何が課題で、何がうまくいっているのかを把握し、それを踏まえた上で、進めていくこともひとつの手です。参考にしてみてください。

point

とりあえずやってみる

第9章まとめ

・時間もお金のように予算管理する
・金銭的価値をもとに自分がやるべき仕事を決める
・仕事の絶対量を減らしてから、業務改善に入る
・時間の予算管理がうまくいっている理想のカレンダーとのギャップを埋める
・スケジュールに記録した成果を振り返ることで自信がつく
・スケジュールの計画よりも「実行」が大事

チェックしましょう！

チェックがついたら、本章を読み返しましょう

□時間の重みをついつい忘れてしまう
□ダラダラ物事を進めてしまう
□生み出す価値を考えずに目の前の作業をしている
□誰でもできる仕事に専念している
□目の前の課題の解決だけをついつい考えてしまう
□理想の予定を描けない
□だんだん自分に自信がなくなってきている
□自分の成長を確認できる方法がない
□考えてばかりで、実行に移せていない

第10章

よくある失敗とその対策

1 完璧を追わず、少しでも進んだらOKと肯定する

よくある失敗 **やることを詰め込みすぎて、結局終わらない**

「今日できることは今日やる！」と意気込んで、朝からタスクをリストアップしたものの、結局終わらずに一日が終わった……そんな経験、ありませんか？

やる気に任せて細かな作業をつぶしていくうちに、重要な仕事が後回しになり、締め切り間際で慌てる。さらに、「中途半端は嫌だ」と責任感が強い人ほど、遅くまで無理をしがちで、疲労や集中力低下を招きます。

このような状況が続くと、計画が遅れるばかりか、「こんなに頑張っているのに……」と自己否定に陥りやすくなります。やる気が裏目に出て燃え尽きてしまうことがあります。

対策 **完璧にこだわらず、小さく前進するマインドを持つ**

まず「完璧を求めない」ことが大切です。計画通りに進まない日があっても「少しでも進んだからOK」と自分を肯定する柔軟性を持ちましょう。また、締切だけでなく、中間目標を設定して達成感を得られると、モチベーションを保ちやすくなります。

タスクの優先順位を明確にすることも重要です。「重要で緊急」「重要だが緊急でない」といった分類を行い、優先度の高い仕事から着手しましょう。他人に任せられる作業は積極的に依頼し、自分の負担を軽減する工夫も必要です。

さらに、適度な休憩やご褒美を取り入れると、無理なく集中力を維持できます。柔軟な計画と着実な行動を積み重ねることで、長期的な成果と充実感を得られるようになります。

【関連記事】第1章：1「少しずつやろう」と思っても失敗する

2 〝責任感の罠〟から抜け出し、自分のキャパを守る

よくある失敗 **責任感が強すぎて限界まで追い詰めてしまう**

「他人に迷惑をかけたくない」と思うあまり、スケジュールをぎっしり詰め込んでしまったことはありませんか？　特に後工程の人を気にするあまり、自分のペースを無視してタスクを抱え込む人は多いものです。

さらに、トラブルや追加作業が発生しても、一人で解決しようとして限界に達してしまう……。その結果、ミスが増えたり、予定が遅れたりして、逆に周囲に迷惑をかけるケースも少なくありません。

真面目で責任感が強い人ほど、「周りを思いやっていたつもりが、自分のキャパを超えたことで混乱を招いてしまった」という事態に陥りやすいのです。

対策 **少しわがままに自分のペースを守り、早めに周囲と調整する**

まずは、自分の処理速度や1日の稼働可能時間を客観的に見積もり、無理のないスケジュールを立てましょう。余裕をもたせた計画を組んでおけば、突発的な問題や変更が起きても冷静に対処できます。

また、完璧を追求しすぎず、「これくらいの時間がかかる」など、自分のペースを守ることを優先してください。わがままに映るかもしれませんが、実はこれがチーム全体の混乱を防ぎます。早い段階でこちらの計画を知ってもらうことで、周りも動きやすくなり、全体の成果も高められます。

また、無理をしないスタンスでいることで、必要な場面で素直に周囲に相談しやすくなるものです。仕事はチームで回すもの。責任感を少し手放し、自分自身を守る柔軟さが、結果的にチーム全体の成功につながるのです。

【関連記事】第1章：2「ひとりよがり」と思われていませんか？

3 バッファは絶対に空ける！緊急対応に強い計画へ

よくある失敗　バッファを埋めてしまい、緊急時に対応できない

「この午後はバッファにしよう」と決めたはずなのに、会議や細かいタスクをどんどん入れてしまい、いざ緊急事態が起きた時にはバッファがゼロ……。こんな状況に心当たりはありませんか？

本来は余裕時間として確保しておくべきバッファが埋まり、結果として残業や休日出勤で対応せざるを得なくなる。毎回「バッファだったのに……」と後悔しながらも、同じ失敗を繰り返してしまうことは少なくありません。

対策　空白は「聖域」として守り、使わずに済んだときのプランも

バッファは「緊急時のための時間」と位置づけ、他の予定を入れないルールを徹底しましょう。空いているからといって気軽に詰め込むのではなく、バッファを〝守る〟ことを最優先にします。もしバッファを使った場合は、翌日や週内の別の時間に再度バッファを確保し、常に余裕を持てる状態を維持することが重要です。

また、バッファが使われずに済んだ場合は、事前に用意しておいた「前倒ししたいタスク」や「確認・見直しをしたい作業」に充てましょう。バッファを計画全体の前進に活かすことで、緊急事態がない日でも効率的に進捗を促せます。

こうした「守り、活かす」運用を習慣化すれば、実際にトラブルが発生してもバッファが機能し、計画が大きく崩れるのを防げます。

バッファはスケジュール管理の要です。「いかに残しておくか」を意識して、計画倒れを減らしましょう。

【関連記事】第1章：3「すべてがうまくいけば間に合う」願望を捨てる

4 集中モード&対話モードで、情報の流れを止めない

よくある失敗　割り込みを拒否しすぎて必要な連絡を逃してしまう

集中力を高めるために、メールやアプリの通知をすべてオフにしたり、「今は急ぎがあるので、後からにして」と周囲からの割り込みを遮断する行為は効果的です。しかし、これをやりすぎると、必要な連絡を見逃し、大きなトラブルにつながることがあります。たとえば、上司や取引先からの緊急連絡に気付かない、同僚が相談しづらくなり業務調整が進まない、などが典型的な例です。

こうした状況が続けば、仕事の効率が下がるだけでなく、人間関係にも悪影響を与えかねません。

対策　集中時間と連絡時間のメリハリを可視化し、柔軟に対応する

割り込みを完全に拒否するのではなく、「集中時間」と「コミュニケーション時間」を

あらかじめ設定し、周囲に共有しましょう。たとえば、「10時から12時は集中時間」と周知し、それ以外を確認作業や話し合いに充てるルールを作ることで、適度なバランスが取れます。

さらに、通知は緊急度に応じてフィルターを設定し、重要な連絡だけが届くよう調整するとよいでしょう。集中時間中も短いインターバルを設け、緊急連絡を確認する時間を確保すれば、柔軟な対応が可能になります。

こうした工夫により、集中力を保ちながらも必要なコミュニケーションを維持できます。「遮断しすぎず、必要な連携を守る」バランスを意識すれば、業務の効率と人間関係の両方を良好に保つことができるでしょう。

【関連記事】第2章：2「切り替えコスト」の払いっぱなしはありえない

5 シングルタスク？ マルチタスク？ いいとこ取りで乗り切る

よくある失敗 **集中しすぎたり、分散しすぎたりして効率を損なう**

「マルチタスクは効率が悪い！」と極端に集中だけを重視して、雑務や細切れタスクを後回しにした結果、予定が圧迫されることはありませんか？

一方で、複数の作業を同時進行しようとすると、どれも中途半端に終わり、ストレスやミスが増えることもあります。

集中すれば効率が上がるはずなのに、極端な方法に走ることで雑務や突発対応が滞り、結果的にスケジュールが崩れる――こんなジレンマを感じている人は少なくありません。

対策 **仕事の性質で区別し、時間帯を分けて柔軟に対応する**

「集中だけ」「マルチタスクだけ」ではなく、両者をバランスよく組み合わせることが重要です。たとえば、午前中は重要な案件に集中し、午後はメールや電話対応などの細かいタスクをまとめて処理する時間を確保するといった方法が効果的です。重要な作業は、ある程度の区切りまで集中して取り組み、頻繁にタスクを切り替えない工夫が必要です。

さらに、生成ＡＩの進化により、「シングルタスクかマルチタスクか」だけでなく、「ＡＩに任せながら、自分は別の仕事をする」という新しい働き方が可能になりました。たとえば、文章の下書きをＡＩに作成させている間に会議資料を整理する、データ分析や調査をＡＩに実行させている間に次の作業の準備を進めるといった形です。やってもらっている時間を活用すれば、マルチタスクのデメリットを避けながら効率を最大化できます。

シングルタスクのメリットを活かしつつ、雑務処理の時間も計画的に確保するバランス感覚が、作業効率向上の鍵です。この柔軟なアプローチを習慣化することで、個人の成果はもちろん、チーム全体の進捗もスムーズになるでしょう。

【関連記事】第2章：3 気分が良くなる「マルチタスク」は弊害をもたらす

6 ToDoリストを〝いつやるか〟まで落とし込み、中途半端を卒業

よくある失敗　リスト化だけで満足し、スケジュール化が不十分になる

タスクをリスト化して安心し、「いつやるか」をスケジュールに落とし込む作業が途中で止まってしまうことはありませんか？

全てのタスクをスケジュール化する手間に負け、中途半端に終わらせてしまうと、どのタスクから手をつけるべきか迷い、リストとスケジュールを行き来して効率が下がります。さらに、最初に立てた計画が放置され、形骸化してしまうケースも少なくありません。

こうした状況が続くと、タスクが進まずストレスの原因になります。

対策　即処理できるタスクはその場で片づけ、残りは具体的な開始時間をセット

タスクをリスト化したら、「今すぐやるタスク」と「時間を確保して取り組むべきタスク」に分けて整理しましょう。短時間で終わる作業はリストに残さず、即座に片付け、管理自

体をなくすことがポイントです。残ったタスクは開始時間や所要時間をスケジュールに落とし込み、「いつ、何をするか」を明確にします。

さらに、一日の終わりや週初めにはリストとスケジュールを見直し、優先順位や進捗状況を確認して、必要に応じて計画を調整する習慣をつけることが大切です。

これらを継続することで、リストとスケジュールがスムーズに連携し、タスクの効率的な処理が可能になります。計画倒れを防ぎ、一つひとつを確実に片付けることで、仕事の進捗を無理なく管理できるようになるでしょう。

【関連記事】第2章：4「ToDoリストで管理」という思い込みを捨てる

7 リスケも計画の一部と捉える

よくある失敗 **完璧な時間割を作っても現実には崩れる**

時間割を作っても、急な会議、突発的な業務、予期せぬ割り込みによってすぐに崩れてしまう……。そんな経験よくありますよね。「計画を立てても意味がない」と感じて、時間割を作ることを諦めてしまうことも少なくありません。

また、スケジュールを周囲と共有せずに自分だけで進めると、割り込みへの調整がうまくいかず、集中時間が取れなくなります。さらに、タスクを詰め込みすぎて休憩が取れず、結果的に進捗が遅れがちに。

これを繰り返すと、時間割を作る意欲そのものが薄れてしまうこともあります。

対策 **リスケを前提にした時間割を作り共有する**

時間割には、最初から「リスケの余地」を組み込んでおきましょう。たとえば、1時間の作業枠なら45分をタスクに充て、残りの15分を休憩と念の為用に確保します。これにより、突発的な変更にも余裕を持って対応できます。

また、時間割を周囲と共有し、「この時間は予定がある」ことを可視化することで、割り込みを減らしやすくなります。さらに急な相談や会議用に備えて「予備の会議時間」を設定しておくと、緊急対応がスムーズになり、自分のタスクも進めやすくなります。

計画は崩れるもの。その前提に立ち、「リスケも計画の一部」として捉え直すことで、スケジュール管理へのストレスを減らし、より柔軟で実践的な時間管理ができるようになるでしょう。

【関連記事】第2章：6「仕事の時間割」を作れば集中力も高まる

8 スケジュールはデジタルに一本化、手帳はメモ用に！

よくある失敗　カレンダーと手帳の二重管理で混乱する

デジタルカレンダーを導入したものの、手帳との二重管理をやめられず、最新の情報がどちらにあるのか分からなくなる……。そんな状況に陥っていませんか？

さらに、スマホとＰＣの同期設定が不十分なまま使い始めると、予定の重複や入力ミスが発生し、締め切りやアポイントを見落としてしまうことも。

結果として、スケジュールが混乱し、業務効率が低下するだけでなく、トラブルを引き起こすリスクが高まります。

対策　デジタルカレンダーで管理し、紙は発想・アイデア専用に割り切る

混乱を防ぐには、スケジュールをデジタルカレンダーに一本化し、手帳はスケジュール管理ではなく、メモやアイデア記録専用に割り切りましょう。また、スマホとＰＣを同じ

アカウントで同期しておくことで、どこからでも最新の情報にアクセスできる環境を整えることが重要です。

件名は必要最低限の情報に絞り、視認性を高めることもポイントです。詳細な内容や関連資料がある場合は、予定に添付しておくと、後で必要になった時にもスムーズに見つけられます。こうした工夫を徹底すれば、予定管理の混乱が減り、効率的にスケジュールを管理できるようになります。

デジタルカレンダーは単なる記録ツールではなく、時間を管理し、業務を円滑に進めるための強力な味方です。一本化と同期を徹底することで、スケジュールの見落としやトラブルを防ぎ、日々の仕事に余裕を持たせましょう。

【関連記事】第3章：1 手帳より便利な「デジタルカレンダー」

9 大事なタスクを見逃さない！厳選リマインダーで通知疲れを撃退

よくある失敗 **リマインダー通知が多すぎて逆効果になる**

リマインダーを設定してタスクを忘れないようにしているけれど、通知が多すぎて管理が逆にストレスになった経験はありませんか？

「また通知か」とスルーするうちに、重要なタスクを見逃してしまったり、通知を消す作業そのものが負担になってしまったり……。

さらに、通知タイミングが早すぎると「まだ時間がある」と放置し、直前すぎると慌てるなど、リマインダーがかえって混乱を招くこともあります。

「便利なはずのツールが仕事の邪魔に」と感じてしまう人も多いのではないでしょうか？

対策 **本当に必要なタイミングとタスクだけに絞り、ストレスを減らす**

リマインダーを効果的に使うには、通知の数とタイミングを厳選し、本当に重要なタスクにだけに絞ることが大切です。たとえば、締め切りの1週間前や1日前など、適切なタイミングを設定し、通知疲れを防ぎましょう。

また、通知の件名には「○○を送信」「○○を確認」といった具体的な行動を記載し、一目で次に何をするべきか分かるように工夫します。さらに、1日の終わりやタスク完了時にリマインダーを見直し、不要な通知の削除や新たに必要なリマインダーだけを設定すると、管理が一層スムーズになります。

このように、通知を「厳選して使う」ことで、リマインダーが本来の役割を果たし、重要なタスクを見逃すことなく効率よく行動できるようになるでしょう。

【関連記事】第3章：1 手帳より便利な「デジタルカレンダー」

10 うまく「任せて」抱え込み卒業！

よくある失敗　**任せ方が不十分で混乱が生じる**

「任せることが大事」と分かっていても、「自分でやったほうが早い」「説明が面倒」と思い、つい抱え込んでしまうことはありませんか？　責任感が強い人ほど、「ミスや遅延を防ぐため」と自分で処理しがちです。

また、任せたとしても進捗確認を怠ると、締め切り直前に「進んでいない！」と気づき、結局すべてを自分で背負うことに。こうした状況では、チーム全体の生産性が下がり、自分も疲れ果ててしまいます。

対策　**やらないことを決め、具体的な指示と進捗管理で楽に回す**

まず「自分がやらないこと」を明確にし、任せるべき作業を積極的に振り分けましょう。その際には、具体的な作業内容や期限、中間チェックのタイミングを伝え、締め切り直前の混乱を防ぐことが重要です。

進捗確認のリマインダーも有効です。進捗を「見える化」するためにタスク管理ツールや進捗リストを活用すると、心理的負担を軽減できます。

さらに、「教えるのが面倒」と感じる場合でも、長期的な成長を重視する視点を持つことが大切です。最初のフォローには時間がかかりますが、その努力が次回以降のスムーズな対応につながり、自分の負担を大幅に減らせます。

手順書やマニュアルを用意しておくと、誰でも同じ成果を出せる仕組みが作れます。

一方で、全てを自分で抱え込むと、自分がボトルネックになり、チーム全体の進捗に悪影響を与えます。長期的な視点で相手の成長とチームの生産性向上を意識し、仕事は任せて効率的に進めましょう。

【関連記事】第3章：2 すべては「作業仕分け」からはじまる 仕分け①：何をすべきか？

11 ちょい前倒し&三段階締切でギリギリ対応を卒業

よくある失敗　厳しすぎるデッドラインが逆効果になる

「早めのデッドラインで効率を上げよう！」と意気込んでスケジュールを立てても、「本当の締切はまだ先だし」と後回しにしてしまい、最終的にはギリギリで慌てる結果に。

こうした状況が続くと、「どうせ守れない」とデッドラインに対する意識が薄れ、計画を立てる意義そのものが感じられなくなることもあります。

対策　小刻みなレビューと進捗可視化で、確実に最終締切を守る

デッドラインを効果的に活用するには、無理のない「少し早め」の締切を設定することがポイントです。極端に早い締切ではなく、現実的な目標にすることで、計画を守りやすく、小さな成功体験を積み重ねやすくなります。

さらに、「初稿→中間レビュー→最終版」のように三段階の締切を設け、小刻みに進捗を確認できる仕組みを作りましょう。計画は着実に進みやすくなり、突発的なトラブルが起きても柔軟にリスケジュールでき、計画全体を崩さずに済みます。

進捗を可視化し、定期的に確認することも重要です。前倒しの進行状況を見える化しておけば、「最初の締切を過ぎても大丈夫」という気の緩みを防ぎ、次のタスクへスムーズに移行できます。

段階的な締切と進捗の見える化を取り入れることで、計画を適切に修正し、最終的な締切を守りつつ、ストレスを軽減することができます。

【関連記事】第4章：3「やってみよう」を引き出す「デッドライン」

12 細分化しすぎない！大枠を忘れない計画づくりで迷子を防ぐ

よくある失敗　**細分化しすぎて全体像を見失う**

「仕事は細分化すれば取り組みやすくなる」と意気込んでタスクを分割したものの、細かく分けすぎて、何が重要でどれを優先すべきかわからなくなった……。そんな経験はありませんか？

気づけば細部のタスクに時間を取られ、本来のゴールから外れてしまうことも。また、タスクを分ける作業そのものに時間を費やしすぎ、かえって実行が遅れてしまうケースもあります。

このように、細分化が行き過ぎると計画が複雑になり、結果として効率が下がってしまいます。

対策　**最初に大まかなステップを掴み、必要に応じた細分化で動きやすくする**

タスクを分解する際には、全体像をしっかり把握しながら、大枠のステップと優先度を明確にしましょう。

そのうえで、必要な範囲だけタスクを分解し、「どこまで細かくするか」を意識することが重要です。「1時間以内で完了できるか」「重複していないか」といった基準を設けると、過度な細分化を防ぎやすくなります。さらに、タスクの順序や関連性を整理しておくと、混乱を減らし効率的に進められます。

また、各ステップを完了するたびに全体に立ち戻り、進捗を確認しましょう。このとき、細分化した作業がゴールに直結しているかをチェックすることで、方向性のブレを防げます。

こうして全体像を意識しつつ細分化をバランスよく行うことで、タスクの明確化と効率性を両立できます。細分化はあくまで「目標を達成するための手段」と捉え、計画の全体像を俯瞰しながら作業を進めましょう。

【関連記事】第4章：5 難しそうな問題や仕事は、小分けにしてハードルを下げる

13 頼まれたら即ＯＫは卒業。断る勇気と別案提示でスマート調整

よくある失敗 **仕事を全て引き受けてしまい、キャパオーバーに**

「これお願いできる？」と頼まれると、つい「はい」と答えてしまい、その場では乗り切れる気がしても、後になって「ヤバい、間に合わないかも」と焦ること、ありませんか？断るタイミングを逃し、結果的に無理をして対応するか、間に合わず相手にも迷惑をかけ、信頼を失うことも……。

「期待に応えたい」という思いが強い人ほど、何でも引き受けてしまい、しんどくなることが多いのではないでしょうか。

対策 **スケジュールを速やかに確認し、厳しいときは代替策を提案する**

まず、依頼を受けるかどうか判断する前に、「なぜ受けるのか」「なぜ断るのか」を自問しましょう。

具体的な理由を整理することで、感情や雰囲気に流されるのを防げます。「スケジュールを確認してから返事します」と伝えるだけで、一呼吸置く余裕が生まれ、自分の状況を見直す時間を確保できます。

もし対応が厳しい場合は、早めに断ることが大切ですが、何とか対応できるかもと思ったときは、「この作業を後に回せば対応可能です」「今は難しいですが、○時以降なら可能です」といった具体的な調整案を提案し、無理なく引き受けられるようにしましょう。

ポイントは、「自分一人で悩む時間を短縮し、早めにコミュニケーションを取ること」です。これにより、自分は無理をせずに、一方で、相手も次の手を考えやすくなります。結果的に、相手との信頼を守り、スムーズな仕事の進行につながります。冷静な判断と早めの対応で、信頼を積み重ねていきましょう。

【関連記事】第5章：3「イエス／ノー」の判断理由を持つとブレない

14 朝型？夜型？作業記録で見極める

よくある失敗 **タイムゾーンにこだわりすぎて、かえって効率が落ちる**

「朝がゴールデンタイム」と思い込み、朝型のスケジュールを組んだけど、思うように作業が進まない……。そんな経験、ありませんか？

夜型の人が無理して朝型スケジュールを組むと、かえって集中力が下がり、作業効率が落ちてしまうことがあります。単純にその人の体調にもよります。

また、タイムゾーンにこだわりすぎると、他の対応が後手に回り、スケジュールが崩れてしまうことも少なくありません。

対策 **ログを取り、割り込みに対応できるバッファを設定**

まずは1週間、自分の作業記録をつけて、どの時間帯に最も集中できるかを確認しましょう。

自分の体調や感情も考慮しながら、最適なタイムゾーンを見極めることが重要です。世間の「朝型」や「夜型」にとらわれず、自分に合った働き方を取り入れましょう。

集中しやすい時間帯には重要度の高い作業を入れ、割り込みが起きやすい時間帯にはバッファを設けて柔軟性を確保します。さらに、スケジュールを周囲と共有し、割り込みを減らす工夫を取り入れると効果的です。

また、他人に同じタイムゾーンを強要せず、それぞれの特性を尊重することも大切です。

ただ、チーム全体で話しかけずに集中できる時間帯を設けるのもおすすめです。これにより、個人とチームの生産性を同時に向上させることができます。

柔軟なタイムゾーン管理を習慣化することで、効率よくストレスの少ない働き方を実現しましょう。

【関連記事】第7章：2 自分の「タイムゾーン」を見つけると集中できる

15 ポモドーロじゃなくてもOK！自分に合うタイマー設定を探そう

よくある失敗 **タイマー設定が合わず、逆に集中力を妨げてしまう**

「効率的に作業しよう！」とタイマーをセットしても、アラームが鳴るたびに集中が途切れたり、「25分」と決めた時間が自分には短すぎて、「えっ！　もう？」というような経験をしたことはありませんか？

また、タイマーに縛られてリズムを崩したり、「タイマーを使うこと」自体が目的化してしまい、かえって作業が進まなかった……ということもあるかもしれません。

作業内容や集中力に合わない固定時間設定は、むしろストレスを生む原因になりやすいのです。

対策 **25分や40分など、作業や体調に合わせて時間を自在に変えてみる**

タイマーはあくまで補助ツールです。固定時間にこだわらず、自分の体調や集中力、作業の特性に合わせて柔軟に調整しましょう。たとえば、25分が短すぎると感じたら40分に延ばす、逆に集中が続かないときは15分に短縮して早めに休憩を入れるなど、自由にアレンジしてみてください。

タイマーが鳴った後は、軽いストレッチや水分補給を取り入れて気分転換を。これにより、次の作業へのスムーズな切り替えが可能になります。

また、タスクを小分けにし、『1つ終えたらタイマーを止める』といった柔軟な使い方を意識することで、ダラダラ作業を防ぎつつモチベーションを保てます。

タイマーは自分のペースをサポートするためのツールです。機械的に時間を区切るのではなく、自分のリズムに合わせて調整し、生産性を最大限に引き出しましょう。

【関連記事】第7章：3「タイマー」を使って集中力をアップする

16 情報収集は15分で切り上げ、実行へ移す

よくある失敗 **情報収集に時間をかけすぎて行動が遅れる**

「もっと良い方法があるはず」と情報収集にのめり込み、インターネットで調べ始めると関連リンクを次々に辿ってしまい、気づけば数時間が経過……。肝心な作業に手をつけるのは締め切り直前というケースも多いものです。

さらに、多くの情報を集めすぎて選択に迷い、行動を先延ばしにすることもあります。情報収集が楽しくなり、本来の目的を忘れて時間を浪費することも珍しくありません。

対策 **検索範囲や時間を決め、得た情報をすぐ行動に使える形にまとめる**

情報収集を効率化するには、まず「何を知りたいのか」を明確にしましょう。それ以外の情報には手を伸ばさない意識が重要です。

信頼性の高い情報を優先し、公式サイトや専門家の資料などに絞ることで、効率よく質

の高い情報を得られます。

また、情報収集の時間を制限するのも効果的です。「15分で、集められるだけ情報を集める」など具体的なルールを設定すると、調査が目的化するのを防げます。

さらに、調べた内容は実行を意識してまとめ、タスクを行いやすい形にアレンジすることが大切です。自分の目的に即した形に加工することで、効率的に行動へ移せます。

情報収集はあくまで「手段」であり、目的は実行です。

調査の時間を管理しつつ、実行を意識することで、計画全体をスムーズに進められるようになります。

【関連記事】第7章：6「ググる力」と「パクる力」が仕事力を決める

17 あえて高めのゴールでマンネリを打破

よくある失敗　**SMARTゴールに固執しすぎて挑戦が足りなくなる**

「達成可能で現実的な目標を」とSMARTゴールを活用しているものの、いつも「無難な範囲」で目標を設定してしまってはいませんか？

確実に達成できそうな数値やリスクを避けた計画に留まり、個人やチームの成長が停滞するケースは少なくありません。挑戦的な目標を掲げないことで革新的な成果を逃し、「これで良いのだろうか？」とモチベーションが下がることもあります。

また、長期的視点を欠いた目標設定では、短期的な達成感は得られても成長が止まってしまう危険があります。

対策　**70〜80％達成を合格とするストレッチゴールを設定し、都度修正する**

SMARTゴールのメリットを活かしつつ、達成可能性より挑戦性を重視した「ストレッチゴール」を設定してみましょう。
100％達成を「目標が低すぎた」と捉え、70～80％の達成を合格点とする高めの目標を掲げることで、成長を加速できます。

挑戦的な目標に向けて、具体的な成果指標を3つほどSMARTで設定すれば、現実味を保ちながら高いゴールに挑めます。また、目標を固定せず、進捗を定期的に見直し、柔軟に修正することで非現実的な目標への挑戦を避けることができます。

さらに、SMARTゴールを超えた成長や成果を得ることが可能です。「現実的」であることに留まらず、「挑戦」を意識した目標を設定することで、個人もチームもより高いレベルに到達できるでしょう。

【関連記事】第8章：1 やり直しを防ぐ「スマートゴール」

18 細分化しすぎない！複雑化を避け、実行しやすさを最優先

よくある失敗 **細分化が過剰になり、計画が非効率になる**

タスク管理を徹底しようと、ＷＢＳやＭＥＣＥを使って作業を細分化してみたものの、リストが膨大になり、全体像が見えなくなってしまう……。こんな経験、ありませんか？あまりに細かくしすぎると、重要なタスクが埋もれてしまい、「結局どこから手をつければいいのか分からない」という事態に陥ることがあります。

また、一度作成した計画にこだわりすぎて、状況の変化に対応できなくなると、計画自体が形骸化してしまうリスクも高まります。

結果として、時間と労力ばかり消耗し、非効率に陥りがちです。

対策 **大項目で把握しつつ、必要に応じて段階的に深掘りし、変更に強い設計**

最初から完璧を目指すのではなく、まずはＷＢＳやＭＥＣＥを使って全体像を大まかに

把握することから始めましょう。

計画のスタート時点では細かい分解を控え、可能な範囲で進めながら、必要に応じてタスクを追加・修正する柔軟性を持つことが大切です。進めていくと分かることもあります。また、タスクごとに優先度や前後関係を明示することで、「次に何をすべきか」が明確になります。これにより、作業の流れがスムーズになり、効率的な進行が可能になります。

さらに、進捗状況や状況の変化を定期的に見直して計画を更新しましょう。

WBSやMECEはあくまで全体を見渡すためのツールであり、それ自体が目的ではありません。

時には、細分化しすぎず、シンプルで柔軟な計画を維持することで、目標達成に近づくことができます。

【関連記事】第8章：2やるべき作業のヌケやモレをなくす

19 ガントチャートは週1回アップデート

よくある失敗 **ガントチャートが実態と乖離し、形だけの存在に**

最初は意気込んでガントチャートを作成したものの、更新を怠って進捗や変更を反映しないまま放置してしまい、気づけば「見せかけだけの工程表」になってしまうことがあります。

また、完璧なものを作ろうとタスクを細かく設定しすぎてしまい、少しの遅延や納期変更でも修正が面倒になり、結局現実と大きく乖離してしまうことも。

さらに、更新が行われないことで他のメンバーとの連携も乱れ、納期管理が滞るという悪循環に陥る場合も少なくありません。

対策 **定期更新と大きな項目管理で、常に現状に合った工程表を維持**

ガントチャートを機能させるためには、定期的な更新をルール化することが欠かせません。たとえば、週1回のミーティングで進捗や遅れを確認し、その場で変更点を反映する習慣を取り入れましょう。

また、管理するタスクは、大項目や中項目といった重要なタスクレベルに留めることで、更新作業をシンプルに保ち、現状に即したチャートを維持できます。

さらに、クラウドベースのプロジェクト管理ツールを活用すれば、関係者全員がリアルタイムで進捗を把握しやすくなります。

これにより、遅延やリスケの必要性を早めに気が付け、チーム全体でスムーズに対応できる環境が整います。

ガントチャートは「計画の道しるべ」です。柔軟かつ効率的な運用を心がければ、形骸化を防ぎ、プロジェクト全体を着実に進める力強いツールとして活用できるようになります。

【関連記事】第8章：3「ガントチャート」で、仕事の流れが一目瞭然

20 感情に流されない！仕組みにフォーカスしてトラブルを克服

よくある失敗　原因追及が感情的になり、相手を萎縮させてしまう

問題が発生したとき、「なぜこうなったのか」と責任感から焦り、つい感情的に問い詰めてしまうことはありませんか？　特に時間がない状況では、つい声を荒げてしまうこともあるでしょう。

ですが、こうした詰問は相手を萎縮させ、自己防衛に走らせる結果となり、本当の原因が明らかにならないことが多いものです。その結果、原因が曖昧なままとなり、同じ問題が再発してしまう……。

心当たりがある方も多いのではないでしょうか？

対策　深呼吸や場所移動で冷静さを保ち、行動・仕組みにフォーカス

問題の原因を特定するには、まず自分の感情をコントロールし、冷静に事実を確認する

姿勢が不可欠です。一度深呼吸する、飲み物を口にする、トイレに行くなど、自分なりの方法で気持ちを落ち着かせましょう。そのうえで、「WHAT HAPPENED？（何が起きたのか）」「SO WHAT？（どう影響したのか）」「NOW WHAT？（次に何をすべきか）」の順で事実を整理し、具体的な状況に目を向けることが大切です。

また、焦点を「人のミス」ではなく「行動や仕組みのどこに改善が必要か」に切り替えましょう。「なぜ失敗したのか」ではなく「何がその状況を引き起こしたのか」を問いかけることで、相手も安心して本音を話せるようになります。

こうした冷静で建設的な議論を通じて、原因の特定と再発防止策を共有しやすくなり、チーム全体が前向きに問題解決に取り組める環境が生まれます。

感情を切り離し、事実を元に進める姿勢が、問題解決の第一歩です。

【関連記事】第8章：6「3つのWHAT」で、前向きな行動を生む

21 〝問いかけ〟で優先順位をつける

よくある失敗　どのタスクを優先すべきか迷い、全部抱え込む

「価値の高い仕事に集中しよう」と思いつつも、「どれが本当に価値があるのか」基準が曖昧のため、すべてのタスクを抱え込んでしまう……。そんな経験はありませんか？

たとえば、次々と舞い込む日々の作業に追われ、本来注力すべき重要なタスクを後回しにしてしまう。そして締め切り直前に慌てて対応した結果、中途半端な仕上がりとなり、納得できないまま終わった経験を持つ人も多いのではないでしょうか。

対策　価値や影響度など指標を使って優先順位をつけ、任せるべき仕事を任せる

まず、「自分しかできない仕事」や「長期的に影響が大きい重要なタスク」を洗い出し、それぞれのタスクに金銭的な価値や将来への影響など客観的な指標を当てはめて優先順位をつけましょう。

優先度の低いタスクは、思い切って他人に任せたり、簡素化したりして、自分の時間と情熱を価値の高い仕事に集中させることが大切です。

時間配分を工夫することも効果的です。たとえば、集中力が高い時間帯に重要タスクを進め、雑務は夕方や隙間時間にまとめると効率的です。

また、タスクに取り掛かる前に「そもそも何のためにやるのか」「この仕事の価値は何か」「本当に自分がやるべきか」と自問する習慣を身につけましょう。

こうした問いかけを繰り返すことで価値基準が明確になり、行動に結びつけやすくなります。結果として、締め切り間際で慌てることが減り、仕事をスムーズに進められるようになるでしょう。

【関連記事】第1章：2「価値を生み出す仕事」で予定を埋める

22 身近な改善でチーム効率UP

よくある失敗　**削るべきものが曖昧で、無駄なタスクが残り続ける**

忙しいと効率化を図りたいと思っても、「何を削るべきか」が明確でないため、無駄な作業やプロセスを放置してしまうことがあります。

特に、職場の慣習や上下関係が絡むと、「本当に必要なのか」と感じても意見を言い出せず、現状維持に甘んじてしまうことがよくあります。

たとえば、「この報告資料、形式的で無駄では?」と思っても、「面倒になることは避けたい」と不安が先立ち、結局手を付けない。こうして非効率な会議やタスクが積み重なり、チーム全体の生産性が低下してしまう……そんな経験はありませんか?

対策　**部分的に試験削減↓数値で効果を示す↓段階的に拡大し責任を分散**

無駄を削減するには、まず小さな改善を試みることが大切です。たとえば、報告資料の簡素化を試験的に行い、その結果生まれた余裕や効率を数値化して示しましょう。これにより、削減による効果が具体的に伝わり、周囲の納得を得やすくなります。

また、提案は「個人の都合」ではなく、「チーム全体の効率向上」を目的として共有することがポイントです。上司やチームメンバーと合意を形成し、一人に責任が集中しない環境を作りましょう。

さらに、段階的な導入を進めることで、削減への抵抗感や不安も軽減できます。

このように、無駄を段階的かつ現実的に減らしていけば、不要な会議やタスクを少しずつ解消でき、チームの生産性を着実に高めることができます。

効率化の第一歩は、身近な改善から始めることです。

【関連記事】第1章：2「価値を生み出す仕事」で予定を埋める

おわりに

2018年、本書の前身となる書籍を執筆時、私がよく口にしていた言葉があります。

「スケジュール本を書いているのに、締め切りに追われている……」

いまも同じことを言っている自分がいます。

ただ、以前と違い、それは「自分が得意なことや興味あることに集中している」忙しさです。かつてのような「作業に追われる」感覚はほとんどなくなりました。


実際、忙しさは変わりませんが、仕事を整理することで自由な時間が生まれ、自分のやりたいことを増やせるようになりました。

自分で忙しくしていると言ってもいいかもしれませんが、今の私はそれを楽しんでいます。なぜなら、その忙しさが「自分がワクワクすること」から来ているからです。


段取りとスケジュール管理は、単なる時間短縮のテクニックではなく、「自分の可能性」を広げるための仕組みです。私は、やらないことを先に決め、価値あることに集中します。

そして、ＡＩと共に進めることで、以前の5倍、ときには10倍のペースで成果を出せるようになりました。

けれども、それによって生まれた時間をどんな未来に投資するか――それこそが、私たちが本当に考えるべきテーマではないでしょうか。

ここまで読んでくださった皆さんには、ぜひ、合理的に考え、やるべきことに集中していただきたいです。確実に成果を出せるようになります。

そして、自分が本当にやりたいことやワクワクすることに目を向けていただきたいと思います。

段取りとスケジュール管理は、その目標に向かってスムーズに進むための道しるべのようなものです。道しるべが明確になると、私たちの時間の使い方は驚くほど変わります。

今こそ、これまでの常識をアップデートし、これからの自分の未来を思い描いてみませんか。

あなたの行動ひとつで、この先の仕事や生活はきっと劇的に変わります。

ぜひ、いまこの瞬間から、今日の予定を見るといった、できることから始めてみてください。

その積み重ねが、やがて大きな変化につながります。

ここまでお付き合いいただき、本当にありがとうございました。あなたの挑戦を、心から応援しています。

飯田　剛弘

ダウンロード特典のご案内

初心者向けの AI 活用ガイドをダウンロードすることができます。
下記の QR コードを読み込んでください。

https://www.asuka-g.co.jp/dl/dandoriAI
※これらのサービスは予告なく終了することがあります。

著者
飯田剛弘（いいだ・よしひろ）
ビジネスファイターズ合同会社 CEO
一般社団法人中小企業 AI 活用協会 代表理事
一般社団法人ライフウィズスポーツ協会 理事

愛知県生まれ。南オレゴン州立大学卒業後、インサイトテクノロジー入社。インド企業とのソフトウェア共同開発プロジェクトに従事。その傍ら、プロジェクトマネジメント協会（PMI）の標準本を出版翻訳。

マーケティング担当になってからは、データベース監査市場でシェア 1 位獲得に貢献（ミック経済研究所）。外資系企業の FARO では、日本、韓国、東南アジア、オセアニアのマーケティング責任者を務める。ビジネスファイターズ合同会社を設立。

現在は、マーケティングや AI 活用のコンサルティングやアドバイザー、講演研修を行いながら、公的機関や民間企業や団体で、プロジェクトマネジメントやスケジュール管理の研修など、人材教育にも力を入れている。また、中小企業 AI 活用協会の代表理事として、AI の普及にも尽力し、中小機構やあいち産業振興機構などの公的機関で経営相談も行う。

著書に『PMBOK 対応 童話でわかるプロジェクトマネジメント』（秀和システム）など 7 冊ある。

決定版　仕事は「段取りとスケジュール」で９割決まる！
2025 年 3 月 21 日 初版発行

著者　飯田剛弘
発行者　石野栄一
発行　明日香出版社
〒 112-0005 東京都文京区水道 2-11-5
電話 03-5395-7650
https://www.asuka-g.co.jp
装丁　256　萩原弦一郎
組版　野中賢／安田浩也（システムタンク）
印刷・製本　シナノ印刷株式会社

ISBN 978-4-7569-2395-0

本書もオススメです

やる気ゼロから
フローに入る
超・集中ハック

伊庭正康・著

1600円（＋税）
2023年発行
ISBN 978-4-7569-2275-5

瞬間没頭で、ダラダラしない！

現代は、とにかく集中しづらい時代です。あらゆる媒体から流れてくる情報に振り回されずに、日々増えていく仕事を効率よくこなすことが求められています。本書は、そんな状況で集中力が続かず悩んでいる人に向けて、すぐにできる集中力を上げるコツを、1冊にまとめました。